教育部人文社科基金青年项目（课题名：乡村振兴背景下体育旅游与农业观光交互发展研究，课题编号：21YJC890049）

乡村体育旅游与农业观光交互发展研究

钟永锋◎著

吉林人民出版社

图书在版编目(CIP)数据

乡村体育旅游与农业观光交互发展研究/钟永锋著. -- 长春：吉林人民出版社，2023.11
 ISBN 978-7-206-20322-0

Ⅰ.①乡… Ⅱ.①钟… Ⅲ.①乡村旅游—体育—旅游业发展—研究—中国②观光农业—研究—中国 Ⅳ.①F592.3

中国国家版本馆CIP数据核字（2023）第231308号

乡村体育旅游与农业观光交互发展研究
XIANGCUN TIYU LÜYOU YU NONGYE GUANGUANG JIAOHU FAZHAN YANJIU

著　　者：钟永锋
责任编辑：高　婷　　　　　　　　　封面设计：李　君
吉林人民出版社出版 发行（长春市人民大街7548号）　邮政编码：130022
印　　刷：河北万卷印刷有限公司
开　　本：710mm×1000mm　　1/16
印　　张：11.5　　　　　　　　　　字　　数：200千字
标准书号：ISBN 978-7-206-20322-0
版　　次：2023年11月第1版　　　　印　　次：2024年1月第1次印刷
定　　价：78.00元

如发现印装质量问题，影响阅读，请与出版社联系调换。

序　言

随着人们对生活质量要求的不断提高，体育旅游和农业观光成为广受欢迎和关注的旅游形式。

体育旅游是将运动和游览相融合的旅游方式。近年来，越来越多的人喜欢用旅游的形式到户外参加迷你马拉松、山地越野赛、农事挑战赛等赛事，并且把农业元素和运动相结合，以更健康的方式享受旅行。这种方式可以让人们感受到不同地方的文化氛围，也可以让人们通过自己的实际参与感受当地人的生活方式。通过体育旅游，人们可以更好地放松身心，提升个人实力和素质。

在传统观念中，旅游被认为是纯粹的消费行为。如今，体育旅游和农业观光两种新兴的游览方式，不仅为游客提供了文化、文明和生态旅游方式，而且增强了游客的休闲和健康体验，使旅游真正成为人们心目中的"精品"。随着旅游业的不断发展，越来越多的人开始意识到旅游不仅仅是为了休闲和娱乐，更是对自然和人文之美的探索和认知。在这个过程中，体育旅游和农业观光成为风景旅游的演变形式。随着城市化进程的加快，越来越多的人想要回归大自然，亲自体验农业生活。农业观光可以带给游客真实的大自然体验，让游客亲身参与农业活动。不仅如此，农业观光也能启发人们重新认识农业文化和生态环境，宣传天然食品和农业产品，使观光旅游和农业发展相互融合。农业观光成为一种备受青睐的旅游方式。

体育旅游和农业观光并不是相互独立的，它们之间也有着交互机会。此外，在体育旅游和农业观光之间，也有着共性的体验和认知。例如，体育旅游和采摘水果都需要付出体力才能得到预想的结果。这种努力让旅游者更加享受过程，珍惜自己的成果，也让人们更加了解到自然和人文之美。

旅游和农业是人类社会的两个重要领域，它们的发展不仅关系到经济建设，更直接影响着人们的生活质量和健康。而体育旅游作为旅游及体育产业的一个重要分支，在近几年的快速发展中，逐渐走向了与农业观光产业的交融与发展。

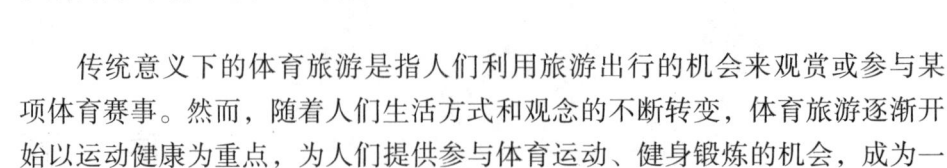

乡村体育旅游与农业观光交互发展研究

传统意义下的体育旅游是指人们利用旅游出行的机会来观赏或参与某项体育赛事。然而，随着人们生活方式和观念的不断转变，体育旅游逐渐开始以运动健康为重点，为人们提供参与体育运动、健身锻炼的机会，成为一种全新的生活方式和业态。而农业观光则是指人们利用旅游出行的机会来接触乡村大自然、了解农业生产、融入农村文化、体验乡村生活的一种旅游方式。两者之间似乎没有直接联系，但是，随着人们的健康和环保意识的不断加强，它们之间产生了意想不到的交互作用。

首先，体育旅游和农业观光不仅能够在人们身体的锻炼和身心的调节方面产生积极的互动效果，而且能够在经济带动和资源协调利用上相得益彰。比如，在农村旅游区域中开展特色体育运动活动，可以吸引更多的游客和体育爱好者进入乡村，增加当地收入，促进当地经济的发展，促进农村振兴。同时，由于农村环境质量好、空气清新，参与户外运动，呼吸新鲜空气，也能起到保持身心健康的作用。

其次，体育旅游和农业观光的交互也能够推动当地食品安全和农业可持续发展的实现。游客来到农村，能够了解到农业生产的过程和农村的生活，对于当地的特色农产品也会有更加深入的认识。据此，各种特色农产品得以开发和推广，并在体育旅游活动中得到广泛应用，从而形成一条旅游农业发展的良性循环之路。同时，农业观光中的生态农业、有机农业等也极大地促进了农业的可持续发展，避免了农业环境污染，提高了农业生产效率和品质，为乡村振兴提供了新的契机。

总之，体育旅游与农业观光交互这一新兴的旅游业态，能够在促进体育健康、推动旅游业发展、宣传乡村文化、推动农业发展等多个方面发挥作用。未来，我们更应该把这种交互作用加以推广和发展，积极发掘体育旅游与农业观光这一新业态的潜力，打造新型农村旅游标配，更好地建设富有乡土特色的农村旅游体系，推动全民健康、全域旅游的发展。

体育旅游和农业观光能够结合起来，催生出一系列新鲜的旅游体验。比如，在田野上骑马，体验自然之美；在青山绿水间徒步，呼吸清新的空气；在运动场上挥洒汗水，释放生命的活力。同时，农业观光也有其独特的魅力，比如参观果园、餐厅和田间地头，领略土地之美，感受劳动之乐，品尝新鲜果蔬和美食。

在新型旅游模式中，体育旅游和农业观光之间的互动不仅体现在活动内容上，更表现在旅游创意和设计上。比如，在运动场上体验露营，或者在果

园里晨练，这些新颖的体验和活动，将为旅游者带来全新的感受。对此，旅游开发者可以根据不同地区的特点和优势，设计出多样化、富有创意的旅游线路，吸引更多的旅游者。

然而，在体育旅游与农业观光交互发展的过程中，也存在一些问题。比如，某些体育运动可能对环境造成破坏，甚至会影响农业生产。因此，旅游者和相关机构应该遵守当地法规，保护自然环境和农业资源。

可见，体育旅游与农业观光交互是一种新型的旅游模式。它不仅可以为人们提供全新的旅游体验和活动内容，更能展示出当地的历史和文化底蕴。但是，我们也需要注意在旅游开发和运营过程中，保护好自然环境和农业资源。只有这样，才能让体育旅游与农业观光交互发展成为健康、可持续的旅游产业。

本书为2021年教育部人文社会科学基金青年项目（课题名：乡村振兴背景下体育旅游与农业观光交互发展研究，课题编号：21YJC890049）的研究成果，一共八个章节，本着发现问题、分析问题、创新性解决问题的逻辑进行论述。第一章概述了我国体育旅游的发展情况；第二章主要分析我国体育旅游市场营销；第三章对我国农业观光发展的理论基础进行了分析；第四章主要讲述我国农业观光资源现状及发展路径；第五章关注的是体育旅游与农业观光的产业化发展；第六章研究分析了农业观光与体育旅游产业融合；第七章主要概述了体育旅游与农业观光产业交互的实践创新；第八章分析了体育旅游与农业观光交互发展的路径。

本书试图通过创新性思维整合优势资源，通过创新性思维、整合优势资源，探索未来中国经济发展的基本方式和策略。本书适宜阅读人群为体育观光和体育旅游爱好者、研究人员等。由于笔者研究能力和水平有限，书中难免存在不足之处，恳请读者批评指正。

目 录

第一章 我国体育旅游发展情况概述 ·· 001
- 第一节 体育旅游产生与发展的基本历程 ·· 003
- 第二节 我国体育旅游发展情况分析 ··· 006
- 第三节 体育旅游资源特征及发展路径 ·· 010
- 第四节 我国体育旅游资源的分布情况 ·· 018

第二章 我国体育旅游市场营销 ·· 021
- 第一节 体育旅游市场整体分析 ··· 023
- 第二节 体育旅游产品创新策略 ··· 026
- 第三节 体育旅游市场营销策划 ··· 033
- 第四节 体育旅游市场发展策略 ··· 038

第三章 我国农业观光发展的理论基础 ·· 051
- 第一节 休闲产业与农业观光界定 ·· 053
- 第二节 农业观光的产业元素内涵 ·· 062
- 第三节 农业观光发展的基本理论 ·· 071

第四章 我国农业观光资源现状及发展路径 ··· 077
- 第一节 农业观光资源的具体分类 ·· 080
- 第二节 农业资源开发现状与问题 ·· 081
- 第三节 影响农业观光开发的因素 ·· 085
- 第四节 农业观光资源的开发路径 ·· 091

第五章 体育旅游与农业观光的产业化发展 ··· 099
- 第一节 体育旅游与农业观光产业基础分析 ···································· 101

· 001 ·

第二节　农业观光产业化提升的具体路径 ………………………… 105
　　第三节　农业观光产业集群化的推进路径 ………………………… 108

第六章　农业观光与体育旅游产业融合研究 …………………………… 111
　　第一节　观光农业中的休闲元素及具体特征分析 ………………… 113
　　第二节　国内农村体育旅游与观光农业融合模式 ………………… 115
　　第三节　国外农业观光与体育旅游产业融合借鉴 ………………… 117
　　第四节　我国农业观光与体育旅游交互优势与路径 ……………… 125

第七章　体育旅游与农业观光产业交互的实践创新 …………………… 131
　　第一节　农村体育旅游资源开发的实践创新 ……………………… 133
　　第二节　基于城乡统筹的体育旅游融合实践 ……………………… 143
　　第三节　案例——以 X 市农、商、文、旅、体融合发展为例 …… 150

第八章　体育旅游与农业观光交互发展的路径 ………………………… 155
　　第一节　农村体育旅游与观光农业交互发展路径 ………………… 157
　　第二节　体育旅游与农业观光交互发展创新模式 ………………… 169

参考文献 …………………………………………………………………… 174

第一章

我国体育旅游发展情况概述

第一章　我国体育旅游发展情况概述

为落实中共中央、国务院《关于做好2022年全面推进乡村振兴重点工作的意见》，国家乡村振兴局、文化和旅游部、自然资源部、教育部、农业农村部、国家开发银行联合发布《关于推动文化产业赋能乡村振兴的意见》（以下简称《意见》）。此《意见》把"文化引领、产业带动""农民主体、多方参与""政府引导、市场运作""科学规划、特色发展"作为基本发展理念和协同策略，并提出到2025年，有效机制基本建立，乡土文化有效激活，文化业态丰富发展，人文、自然资源得到保护，一、二、三产业融合，文化产业带动作用显著，对乡村经济发展的推进作用更加突出。体育旅游作为乡村振兴的重要产业，经过多年发展，理论体系逐步完善。与国外研究相比，我国体育旅游的发展时间相对较短，起步较晚。值得庆幸的是，我国取得的研究成果也逐步增多。本章主要阐述体育旅游研究和发展历程，以及我国体育旅游产业当前发展情况。

第一节　体育旅游产生与发展的基本历程

一、国外体育旅游产生及其发展概况

体育旅游与近代旅游的产生时间相差无几。早在1857年，英国就成立了登山俱乐部，刚开始成立此俱乐部的目的就在于向旅游爱好者提供各种各样的旅游服务和产品。1883年，瑞士、挪威成立了滑雪俱乐部，它的主要功能在于向爱好者提供滑雪专业化、精细服务。到了1885年，英国又成立了俱乐部，他们向野外活动爱好者提供各种服务和相关配套设施。到了1890年，法国、德国也相继成立了休闲观光爱好者集中营，它们主要向旅游爱好者提供专业信息及服务。到了19世纪后半期，随着欧美国家经济快速发展、生活水平提升，人们对精神文化产品的需求提高到了新层次，加上科学技术的不断发展，人们的工作效率得到了极大提升。生产力得到发展后，人

们的余暇时间也变得越来越多，这都为体育旅游发展提供了基础条件。[①] 当时疗养、度假、健身、娱乐等成为人们在休闲时经常采用的活动形式，很多集旅游、娱乐、食宿和餐饮于一身的疗养胜地、娱乐场所和休闲设施等快速发展起来，项目非常丰富，有骨牌、桥牌、台球、保龄球等各种类型的娱乐项目，还包含了登山、漂流、滑雪等有挑战性的项目。随着赛马、垂钓、打猎、棒球、垒球、高尔夫、网球、射击等户外运动的兴起，各种体育运动项目变得丰富多彩。这些项目的不断发展为体育旅游的发展提供了坚实基础。[②] 到了20世纪，很多国家出现了以体育健身和各种娱乐项目为主的休闲产业，并且在很多股东的推动下，形成了具有产业化规模的企业。比如在1929年，美国的休闲娱乐业占全国国民收入的0.93%，到了20世纪90年代中期，英国的高尔夫球场竟然达到了2350个，每个球场平均拥有会员数达到1050名。法国有世界上设施最为完善的滑雪胜地，1994年冬季，全国滑雪人数竟然达到了540万人，其中国外滑雪者达到了180万人。在很多欧美国家，每年参与滑雪的人群比例达到10%。显而易见，滑雪旅游成为许多拥有雪资源国家的重点旅游拓展方向，可见，体育旅游的产生和发展与休闲娱乐的发展有着密不可分的联系。随着经济的进一步发展，旅游业开始进入发展快车道，各类体育项目也得到了进一步普及，这为欧美国家的体育旅游升温起到了推动作用。人们身边出现了很多体育旅游项目，人们对这些项目十分喜爱，很多国家有徒步登山、海边沐浴、高山滑雪、冲浪、漂流、攀岩、探险等休闲项目，还有很多具有挑战性、刺激性的项目。在这些国家中，不得不提的国家是瑞士，瑞士的特色小镇达沃斯坐落在阿尔卑斯山脉附近，其良好的自然条件为其开发体育旅游提供了坚实基础。他们实际拥有很多可供开发的体育娱乐项目，由此形成了独具特色的体育旅游目的地。此小镇成为世界著名的体育旅游目的地。对比而言，在亚洲的日本、韩国等许多旅游景区还没有完善的体育娱乐设施和项目。很多经济发达的国家，利用独具特色的资源，举办各种野营和回归自然的娱乐活动，也引领了社会时尚和潮流。由此可见，此阶段体育旅游已经得到了长足发展。不仅上述的这些提倡参与的体育旅游

---

① 盘劲呈，李海.风险边缘视角下冒险性体育旅游的动机 [J].上海体育学院学报，2020，44（9）：9—13.
② 郑芳，黄炜逸.乡村振兴战略下体育旅游目的地发展路径：基于可持续发展五要素视角 [J].体育科学，2021，41（5）：9—15.

第一章 我国体育旅游发展情况概述

项目得到了长足发展，随着人们对足球世界杯、奥运会等国际比赛的关注，观赏性体育旅游产业也得到了较好发展。大型体育比赛的举办是大型城市非常重视的内容，他们通过大型比赛的举办提升城市形象，提升内生性经济活力。

二、我国体育旅游整体发展概况

我国幅员辽阔，这使体育旅游发展具有一定优势。我国优秀的文化传统为体育旅游发展奠定了基础，其特色非常显著。很多省（区、市）的体育旅游资源丰富，较为典型的有东北各省的天然滑雪场以及国家级的森林公园、旅游度假区，这些都为冬季旅游和滑雪创造了良好的条件。[1] 我国的海岸线非常长，在万里海岸线上有很多有名的临海城市，例如三亚、厦门、青岛、秦皇岛等。这些城市都是日光浴、潜水、游泳等体育旅游项目非常优良的旅游目的地。我国有非常多的大山，这些名山可为攀岩和登山活动创造非常优良的自然条件。

由此可见，我国丰富的旅游自然资源在很大程度上为我国体育旅游的发展奠定了坚实的基础。中华人民共和国成立之初，我国的经济还处于起步阶段，百废待兴。在这个阶段，人们的生活水平非常低，还处于追求温饱的阶段。在这样的经济条件下，人们能够参与的体育运动项目只有游泳、骑自行车、登山、跑步、溜冰等。

改革开放之后，旅游产业迅速升温，大量高级宾馆和饭店兴建，许多健身配套设施也逐渐构建，交通和通信等设施建设得到很大改善，体育旅游发展在基础设施层面得到推动。[2] 随着人民生活水平不断提升，传统体育锻炼已无法满足个性化、多样化需求，多元化健身方式受到人民群众的普遍欢迎。体育旅游作为可供选择的娱乐、健身方式，它有健身、养生和娱乐等多重特点，越来越受大众欢迎。攀岩、漂流、滑雪、登山、沙漠探险、徒步旅游、骑行、自驾游、高尔夫旅游等体育旅游项目在我国逐渐升温并受到大众的热烈欢迎。在所有的这些项目中，登山探险旅游是我国体育旅游的特色项

---

[1] 刘依兵，史曙生.改革开放40年我国体育旅游发展回顾与展望[J].山东体育科技，2021，43（7）：22—25.

[2] 周铭扬，缪律，严鑫.我国体育旅游产业高质量发展研究[J].体育文化导刊，2021，38（4）：6—9.

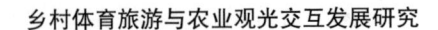

目之一。就目前发展形势来看，我国体育旅游业已达到一定的发展规模，然而由于受到一些客观因素的影响，我国体育旅游产业的开发有待于进一步研究和拓展。[1] 我国体育旅游处在发展的初级阶段，需要合理的政策扶持和开发策略，其发展前景广阔，尤其是在民族传统体育旅游发展层面，我国有非常丰富的可供开发的资源。[2] 产品的创新可以促进我国体育旅游特色路线的形成和具有民族、民俗元素旅游产品的开发。

第二节　我国体育旅游发展情况分析

经过长期改进，我国体育旅游已取得阶段性成效，但是这并不能掩盖发展中出现的问题，只有不断进行改革和创新，才能够找出相应的对策。因此我国体育旅游的发展需要在改革和创新的过程中不断完善。例如，"5·29国际山地旅游日"是国际山地旅游联盟以人类首次登上珠穆朗玛峰为重大事件设定的节日，以号召大家"保护山地、传承文明，造福山地民众，促进可持续发展"，积极参与到全球旅游治理与人文交流中来。

一、我国体育旅游发展的问题分析

（一）制度建设有待改进

体育旅游的相关制度建设需要不断改进，具体要从两方面进行。首先要从改进不健全的相关企业从业审批制度开始。体育旅游项目中很多项目是危险性比较高的，要想让这些项目得到健康、可持续发展，就必须建立起预警机制和救护机制，所有的场地和设施须达到安全标准，并进行标准化流程操作。相关专业技术服务人员的技术和知识储备，必须达到基本运营需求。如果相关法律法规和制度不健全，就会导致投资者无法可依，还会危及消费者人身和财产安全。其次要从改进不健全的评价和监管制度入手。等级评价

---

[1] 张新，刘家明，朱鹤，等. 北京郊区参与型体育旅游资源时空演化特征及影响因素 [J]. 资源科学，2020，42（11）：14—18.

[2] 张东燕. 国内特色体育旅游资源空间分布及开发问题研究 [J]. 安阳师范学院学报，2020，22（2）：5—9.

是体育旅游相关公司和企业进行标准化操作和运营的重要制度保障，而体育旅游发展在这方面的还相对比较薄弱。

（二）营销渠道不够多、宣传较为薄弱

从当前我国体育旅游营销调查中发现以下特点：其营销方式主要是以旅行社招揽生意为主，营销中也开始引入现代网络营销、直播营销、体验营销等方式，但新兴的合作、营销等方式往往存在短板，宣传手段相对比较稚嫩。在体育旅游宣传中，往往存在着形式较为单一，以广告宣传为主的现象。因此，在发展中就必须在景区路线上进行设计，从防止恶性竞争角度进行发力。体育旅游发展要在营销渠道上打开思维、拓展路径、走向多元。此外，在宣传维度上，必须坚持政府公益宣传与企业市场化宣传相结合，景点宣传与旅游目的地的整体形象要相互映衬，并得到政府支持和推进。[①]

（三）协管机制不够健全

当前，体育旅游资源具有非常显著的综合特征。体育旅游与很多社会要素紧密关联，比如体育部门与旅游部门关系非常密切，此外，它与国土、环保、保险、金融、航空、海事、水利等众多部门也有着紧密联系。要促进体育旅游健康有序发展，政府部门需要建立起一个多方协同的运行机制。由于管理机制不健全，各个部门之间没有得到有效的整合，因此，体育旅游企业的积极性没有被充分地调动起来，这对体育旅游的快速发展产生了不利影响。

（四）规划引导较为缺失

体育旅游规划对体育旅游发展具有导向价值。就目前情况而言，我国只有少数的省份制定了体育旅游相关规划以及政策导向。由于一些体育旅游项目在开发中缺乏统一的指导与规划，容易导致这些省份在体育旅游项目的设计和开发中存在规划粗线条、整体思维欠缺的问题，某些项目与整个景观的融合度也不高，这些问题往往对资源形成了一定破坏，同时对资源的深度开发以及该项目的可持续发展产生了不利影响。

---

① 李寄晗.我国体育旅游资源开发研究[J].旅游纵览，2020，30（5）：155—156.

(五)基础设施建设不够完善

从很多的社会调查研究中可以发现,目前国内具备体育旅游产品的景区已经开设了很多创新项目,但是问题依然存在。所有问题中最为突出的就是基础设施相对比较缺乏,主要表现为景区周边的交通设施建设相对比较薄弱,景点可达性相对较弱,景区内的游客集散中心、厕所、标志牌、停车场、旅游公共信息系统等配套设施往往不达标。同时,步行道和自行车道建设的设施标准也相对较低。随着自驾游和房车的出现,很多营地没有充电设备,安全性和私密度也不够高。这些问题的存在阻碍了对体育旅游项目的深度开发和精细化管理。

(六)高水平人才较为欠缺

作为体育旅游融合的产业业态之一,体育旅游对人才的需求极为迫切。具体来说,需要的人才大致可以分为以下三类:第一类是兼具旅游经营和体育专业技能与知识的管理类人才;第二类是具备技术指导能力和专业技术的人才,如滑雪指导员和漂流救生员等;第三类是体育旅游产品的研发人员。当前此类人员非常缺乏,这类人员需要有非常好的创新精神以及吃苦耐劳的能力。从相关的社会调查中可以发现,体育旅游人才的高度缺乏,对我国体育旅游产品可持续发展形成制约。

二、我国体育旅游未来发展的整体趋势

(一)网络层面营销加强

当前旅行社仍然是我国体育旅行营销的重要方式,这在短时间内是无法改变的。但是大都市的旅游目的地已经建立起了自身的网络系统以及现代化营销方式,这也是不可忽视的新生力量。[1]从相关的研究当中不难发现,绝大部分体育旅游者倾向于自由出游,而不喜欢旅行社集体安排,因为这样他们没有自由和放松的感觉。可见,随着人们物质水平的提升,以后的自驾游和房车游只会越来越普遍,今后旅行社的地位及营销形式必然遭到弱化。主要原因有以下几个方面:首先,网络环境下的旅行社生存弱化;其次,体育旅游自身具有特殊性,讲究挑战和冒险。可见,未来体育旅游营销不仅会出

---

[1] 林银娟. 我国体育旅游业发展研究 [D]. 西安:西安体育学院,2014.

现供需双方在网络上直接点对点的营销形式，还会建立全球旅馆和营销在线服务系统以及集中营销形式。

（二）运营方式呈现一体化

当前旅游业发展的重要特征和主要趋势是区域旅游一体化。这个趋势是实现产品品牌效应及实现资源共享和增强品牌竞争力的重要形式。一体化需要基础设施、管理制度、环境保护、服务标准、宣传包装整体设计。目前，体育旅游还没有在政府层面推进一体化模式，但是体育旅游在区域旅游一体化上产生的作用已得到充分体现。随着我国体育旅游在区域旅游一体化中的辐射效应得到彰显，它必然会受到旅游以及政府相关部门的高度关注。随着体育旅游活跃度增加，一体化经营成为未来体育旅游企业经营必然选择的盈利增长的推进方向。

（三）专业化、聚集化明显

这里所说的专业化和聚集化的趋势，主要是在体育旅游的供给上得到体现。大旅游依附是指体育旅游作为旅游业中的分支产品，它的发展必须依附于旅游业的发展。体育旅游发展，必须利用旅游业现有推广手段、营销手段和管理模式去实现推进。小旅游指的是体育旅游业涵盖的吃、住、购、游、娱等旅游要素，本身已构成闭环，并形成了特色。这些具有完整产业链的大旅游和小旅游统一结合的体育旅游形式，可称为现代体育旅游形式。由此可判断，未来体育旅游产品整合和创新极有可能出现两个趋向。首先是由点到线，即在未来体育旅游推进中，体育旅游极有可能成为独立的旅游产品，出现清一色专业化的体育旅游产品和路线，并被体育旅游爱好者所追捧。其次是由点及面，指体育旅游发展的不断集聚，它是相对于目前比较单一的体育旅游资源而言的，集聚化包括区域集聚和产品集聚两个层面的含义。

（四）投资主体呈现社会化

我国体育旅游的投资形式主要有以下三种：第一种形式是景区为增加游客而开发出来的具有特色的体育项目以及赛事；第二种形式是体育系统为增加自身的收入而进行的资源开发与创新；第三种形式是社会资本为资本的扩张而进行的专门化投资与创新。在所有的这些形式中，体育旅游投资是最为活跃的形式。从相关的调查中可以发现，无论是什么样的竞技运动项目都必须有社会资本的投入才有可能实现良性、可持续发展。由此可见，体育旅游作为体育产业汲取社会资本最为活跃的业态，具有重要的引资作用。

（五）国际化发展程度越来越高

从世界旅游组织曾经对中国旅游进行的推测来看，可以发现我国体育旅游市场的活跃度会在未来一段时间内得到极大提升。随着我国出入境游人数不断增加以及全球化的不断推进，国际体育旅游推进成为社会发展必然。这种趋势会从两方面得到体现：首先是以出境为主的体育观赛会在很大程度上增加；其次是到中国参观和观看世界性赛事以及中国特色体育竞赛活动的入境者会增加。但是，需要指出的是，我国五千年的文化具有很强的吸引力。民族传统体育文化特色的不断推进和传播，是我国未来体育旅游发展的重要方向。

第三节 体育旅游资源特征及发展路径

一、体育旅游资源的概念

（一）旅游资源定义

什么是旅游资源？由于旅游是内涵非常广的词语，人们对旅游的认识出现偏差十分正常。我们在对旅游资源的概念进行界定时，出现不同的见解是必然的，但是我们要在众多概念中寻找到其本质元素进行阐释，才有说服力。[1] 有的人觉得旅游资源就是提供参观游览的地方和区域；有的人将其概括为风土人情与文化古迹；还有的人认为旅游资源指的是具有娱乐属性的自然景观和文化产物。在我国的长期研究中，有学者指出，凡是属于旅游业范畴的资源要素，都可以称为旅游资源。这些说法都有各自的道理，但是却很难对旅游资源的概念做出具有说服力和逻辑性的解释。旅游者之所以不远万里来到异地，甚至是国外寻觅自己感兴趣的人、物，是因为此区域的人文环境以及文化等要素，对他们产生了强大的吸引力。某区域具有游客吸引力，

---

[1] 葛书林，代刚.民俗体育旅游资源整合开发评估体系构建[J].中国人口·资源与环境，2021, 31（11）: 12.

第一章 我国体育旅游发展情况概述

最主要的原因可能是此地具有某种令人折服的或者是叹为观止的自然景色，也可能是存在具有丰富文化内涵的场景或者是具有特色的物质文化产品及和谐的人文要素。如果上面这些要素都不具备，而且又没有与众不同的文化元素，旅游爱好者是不可能到此地进行探访的。可见，旅游资源的开发中最重要的元素就是吸引物，或者说是区域文化要素与众不同的特质及吸引力。由此可见，我们可以对旅游资源的概念进行阐释，现做出如下定义：凡是对旅游爱好者具有吸引力的文化产物、自然景观、社会人文或者其他具有特色和吸引力的事物，都可以构成旅游资源要素。

（二）体育旅游资源定义

体育旅游资源的含义非常广泛，它是众多旅游资源中的一种。简单说来，体育旅游资源包括体育旅游对象与体育旅游相关设备。体育旅游对象是体育旅游吸引物，体育旅游设施可以称为体育旅游目的地。[1] 体育旅游的对象一般是人为改造后形成的产品或者事物，或者是开发出来的成品。体育旅游的对象不仅包括开发出来的体育旅游资源，还包括未被开发的或者是潜在的体育旅游资源要素。体育旅游的基本对象是体育爱好者向往或者追寻的事物，它往往随着旅游爱好者的涉足和拜访而变得广为人知，甚至可以成为当地旅游的标志性事物，使当地成为特色旅游目的地。体育旅游的相关设备和设施是专门为体育旅游爱好者提供的体育旅游基本活动条件，用以满足旅游者基本活动需求和相关服务设施需求。体育旅游资源是指在人类社会或者自然界能够对相关的体育爱好者产生吸引力，并激发和诱导他们进行消费，并付诸行动的资源，它能为旅游业带来生态效益、社会效益以及经济效益的综合效益。体育旅游的对象是产品和产业的重要组成部分，相关旅游产业人员和经营者要有效保护、科学合理地开发和利用体育旅游元素。丰富多彩的体育旅游资源和要素经过开发者的创新、整合、优化，就可能形成特色，使当地成为独具魅力的旅游目的地。体育旅游者出门旅游，优先考虑的要素是体育旅游资源的吸引力和特色。如果某个区域内的旅游资源独具特色，并且要素非常丰富，旅游设施完备，服务精细化，这个地方的旅游资源就可能有较大吸引力，能够给旅游区带来较大流量。

---

[1] 葛书林，代刚.民俗体育旅游资源整合开发评估体系构建[J].中国人口·资源与环境，2021，31（11）：12—18.

二、体育旅游资源的基本功能

（一）吸引旅游爱好者

在体育旅游活动中，作为客体的资源要素与主体的旅游者的关系十分紧密，二者相辅相成，相互联系。其表现形式为体育旅游资源能吸引体育爱好者前来参与各种赛事活动和相关活动。[①] 它能够刺激体育爱好者的动机和消费，在旅游活动中达到锻炼身体、提高免疫力等多维目的。其吸引力功能是相对于体育旅游爱好者而存在的，对游客吸引力够不够大是评价其资源有效性的最重要的标准。显而易见，任何的体育旅游资源要素一旦离开了体育爱好者这一基本对象，就会失去其存在的价值，也不能算是体育旅游的资源要素。

（二）刺激旅游消费客体

体育旅游资源作为体育旅游活动的直接对象，它是以体育旅游或参加相关赛事活动的客体身份而存在的，它是自然以及社会因素综合作用的产物。作为体育旅游客体的存在，它涵盖了已开发的体育旅游资源和未曾开发的资源要素。随着当地经济的发展，人们生活水平不断提升，现代旅游业的发展和推进是必然趋势。体育旅游产业的发展可以刺激体育旅游项目创新及体育旅游资源的深度挖掘，为旅游企业所用。

（三）产生经济效益

利用和开发体育旅游资源，不仅能够为当地的旅游带来极大的经济效益和社会效益，为本地发展带来生机和活力，还能够通过综合的体育旅游活动，拉动周边的相关产业发展。比如，某个体育场馆举行国际赛事或者大型的体育活动，也能够拉动零售、住宿、纪念品、特产等相关行业的销售额。当前很多国家及地区都把体育旅游业作为经济增长点，或是创新性发展的途径，这体现了体育旅游资源开发对经济发展的重要推动作用。体育旅游资源的效益不只体现在经济层面，还体现在社会效益与生态文明层面。这三种效益也是体育旅游资源合理开发的结果。合理开发和有效利用地区内的体育旅

---

① 孙洪亮，李萍萍.我国乡村体育旅游资源的开发研究[J].湖北开放职业学院学报，2021，34（2）：3—8.

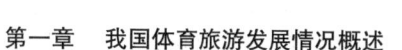

游资源，可以极大地改善和优化本地区的旅游营商环境，提升当地的旅游形象和地区知名度，促进该地区内的社会文化和人际交流，提升该地区的精神文明建设。①

三、体育旅游资源特征

（一）资源呈现季节性变化

季节性是指在各种资源中的景物会随着季节的变化而改变其呈现方式的特征。体育的相关资源要素所处的气候以及纬度等综合因素，往往决定了相关体育旅游资源具有季节性循环变化的特点。在高纬度的寒冷地带，冬季漫长且寒冷，长时间被雪所覆盖，这正是开展各项具有挑战性的冰雪项目及冰雕项目的最佳场地。除了地形以及纬度等基本地理要素之外，地势的高低也常常会影响到体育资源的价值和变化的基本形式。在低纬度地区的高山或溪流中，往往会看见多姿多彩的景色。由于此因素的变化，很多国家和地区对体育旅游资源的保护以及利用常常采用了具有针对性的办法。有形的资源一旦被过度地使用，往往难以得到恢复。②

（二）可重复性较强

体育旅游资源与其他的体育资源有差异，主要原因是体育旅游资源可以让体育旅游者反复游览，体现出强烈重复。一般来说，旅游资源体现不出能被反复游览的特点，而体育旅游资源往往表现出反复特征，故地重游的现象比较普遍。这是因为在各种旅游活动中，一般的常规旅游资源，开展的是相同的时间和内容的活动，往往会给旅游者带来相应的审美疲劳，会降低旅游资源的吸引力，旅游者不会愿意再花更多的金钱、时间和精力放在相同的旅游资源上，缺乏下次再来的冲动，复游率低。而体育旅游资源有很大的差异性，体育旅游爱好者旅游的目的往往是到户外进行体育锻炼和调整自己的身体免疫与机能状态。体育自身具备的魅力和吸引力往往会促使他们多次参与同样的活动。体育活动由于具有挑战性和参与性的特点，可使得旅游爱好者即使在相同的地点也能够获得不同的感受和体验。有些具有挑战性和新颖性

---

① 冯勇，张涛. 农村休闲体育资源开发产业链与生态链耦合模式研究：基于体育旅游视角[J]. 乡村科技，2020，11（2）：3—9.
② 王志明. 体育旅游资源特征探析[J]. 广州体育学院学报，2006，26（1）：14—19.

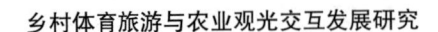

的体育项目能够锻炼人的心智，使人的精神得到很大程度的升华。人们在参与体育活动的过程中，获得了战胜困难和展现自我的精神力量，心理需求得到了很大程度的满足。体育锻炼在于持之以恒，对于某个项目而言，需要坚持、循序渐进地练习，才能够掌握技术要领，获得技能。这些都为参与者再次到相同的地点进行游览创造了条件。特别是以娱乐休闲和大众健身为主的体育旅游资源，能够吸引旅游爱好者反复到此进行游览。

（三）地区区域性明显

旅游资源往往在特殊的地理环境及纬度中存在，因此体育旅游资源要素往往具有地理区域的差异性。由于自然环境的差异，人文资源要素的差异也就成为必然。地理环境的区域差异通常影响着自然环境要素，而人们在自然环境中生活和工作，就必然要不断地适应自然环境要素，并在其中不断发展自身的各种技能和身体条件，并由此创造出强大的物质文明以及精神文明。在创造这些文明的过程中，不可避免地形成了区域性特征。同时，同地域的区域通常也具有十分紧密的联系。区域性的存在是旅游资源特别直观的特征，正是由于不同区域的资源要素之间存在着不同，某个地区的自然景观和人文要素以及体育旅游资源项目，对其他地区或者区域的人构成了强烈的吸引。资源要素之间的差异往往吸引着不同体育旅游爱好者的注意力。旅游爱好者为了欣赏到相应的特色之处，往往会花很长的时间或相应的代价去观赏相应的景色。[1]

因此，很多国家和地区在体育旅游业上是否能取得成绩，很大程度上在于他们是否发扬了本地旅游资源的特质，让到此地旅游的人群得到了独特的体验。他们在得到了较好的体验以后，往往会口口相传，从而使更多的人到该地区旅游。一传十、十传百，该地区的名声会变得越来越大。

体育旅游资源往往具有不可改变和不可移动的特点，比如埃及的金字塔、中国的万里长城、美国的科罗拉多大峡谷、东非的野生动物园，等等，都是独一无二的资源。虽然有部分学者认为在现代经济和科学技术的条件之下，要想仿制文化古迹是完全可以做到的，但即便如此，这种模仿终究还是没有文化的积淀，没有历史感和地域性，也就没有其相应的观赏和审美价

---

[1] 赵红丽，周倩.六盘水山地体育旅游资源开发模式与发展路径研究[J].运动精品，2021，40（4）：2—9.

第一章　我国体育旅游发展情况概述

值。一般来说，体育旅游资源具备的特质和区域特色越明显，其影响就会越广泛，也就能够吸引到更多的体育旅游者参与其中。

（四）内容元素多样

体育旅游资源是将体育与运动相结合，多种运动形式丰富了旅游资源元素。所有的体育旅游项目形成了丰富的相互依存和相互联系的共同体。在所有的体育旅游资源要素中，孤立、单个的景观一般不会形成较大的吸引力。一般体育旅游爱好者的时间和精力是非常有限的，他们往往希望花费较少的时间去参观和游览更多、更美好、更有意义的资源要素。体育旅游资源中有很多要素处于相互制约和联系的环境中，很少存在与其他景观完全没有关联的资源要素。其资源要素的多样性往往还表现在体育旅游需求以及对体育旅游爱好者吸引的差异性上。从其动机的角度进行分析，可以发现体育旅游根据爱好者的需求空间不同，可以分为水域体育旅游、空间体育旅游和陆上体育旅游。在同一体育旅游项目上，按照爱好者的需求层次还可以分为极限旅游、探险旅游、休闲旅游。体育旅游丰富的文化内涵要素，也是其资源多样性的体现形式。人们往往在旅游的过程中能够同时健身、探险、旅游、休闲，又可以充分地感受到各种竞技运动项目独特的魅力。他们通过学习体育知识和技能，提高了自己的阅历。他们在大自然的景观观光中，还可以从古代建筑历史遗迹中寻找到古老文化要素和民族文化元素，从中体验到独特的民风和民俗要素，为平凡和枯燥的生活增添一抹亮色。

（五）吸引力呈现定向

对旅游爱好者具有吸引定向性，是该旅游资源具有的基本特点。体育旅游资源的吸引力与爱好者对于资源的主观认识高度相关。体育旅游资源之所以有很强的吸引力，主要是因为体育旅游资源的发展受到了体育旅游者主观认知和决策的互相影响。对某个具体的体育旅游项目而言，此项目可能对某些爱好者具有非常强烈的吸引力，但是对不爱好此项目的旅游者来说，其吸引力就非常有限，甚至没有吸引力。以2018年在俄罗斯举办的足球世界杯为例，很多国家的足球爱好者疯狂地前往俄罗斯进行体验和观摩，这表现出了足球运动项目的强大吸引力。如果是篮球爱好者或者是滑雪爱好者，他们就可能对足球没有任何的体验和兴趣。因此任何的体育旅游资源都必须针对相应的爱好者和群体展开营销，相应的体育项目只能吸引到对其感兴趣的

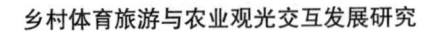

旅游爱好者，而不可能吸引到对此项目不感兴趣的人群。[①] 因此在体育旅游项目的开发中，必须有所针对，对相关的体育爱好者群体进行有针对性的营销。

四、促进体育旅游发展路径

（一）丰富体育旅游产品体系

一定要将全民健身运动和体育旅游转型升级的历史契机高度融合，使得各种体育旅游产品在全民健身的背景之下得到推进。与此同时，我们还要将游艇俱乐部、高尔夫球场、航空运动以及具有特色的体育主题公园的发展，融入体育旅游的发展中，从而对体育旅游度假区域的建设起到积极的推进作用。我们还要对体育旅游资源和艺术资源进行充分融合，打造和创编具有体育演艺特征的主题演出和赛事。体育旅游的发展还需要延伸体育旅游的产业链长度，大力发展户外运动和体育主题酒店以及具有特色的路线，开发体育旅游纪念品。我们还可以在著名的体育旅游目的地建设具有特色的体育旅游商品研发和生产基地，并建立相应的购物场所。

（二）制定合理推进的政策

体育旅游已成为旅游业当中非常具有活力的旅游产品形式之一，但是作为新兴事物，体育旅游的发展面临层层困难，具体的表现形式是人才匮乏、资源短缺、资金有限，等等。基于这些情况，我们当前的主要目标是要抓住国家产业结构调整的契机，以及我国旅游消费转型升级的机遇。我们需要在国家体育总局和国家文化和旅游部两个重要的政府部门的指导和支持之下，快速完善体育旅游的相关法律法规和政策，通过政府的杠杆和导向作用来提升发展动力。

（三）制订体育旅游发展规划

制订全国体育旅游专项化发展规划，以不同地域或省区市特征、资源特点、基础设施发展以及市场的前景为基本落脚点，分类别打造和扶持有影响力的体育旅游示范性项目。要制订体育旅游发展规划，并对相应部门予以

---

① 袁书琪，郑耀星.体育旅游资源的特征、含义和分类体系[J].体育学刊，2003，10（2）：4—9.

鼓励。同时我们还要将体育旅游的设施和重点的体育项目纳入当地的国民经济发展规划之中。此外，城市规划要为体育旅游业的发展创造基础的物质条件和空间条件，还要做好省区市规划和国家规划的完美融合。在推进的过程中，要坚决抵制低水平以及同质化的重复建设，要重点避免同质化的恶性竞争。

（四）提升体育旅游人才培养

体育旅游的发展需要推动部门联合、企业联手和区域联动的一体化经营模式。经营模式的建立还需要建立政府的整体形象和景区产品的促销体系。体育旅游产品的宣传需要综合利用电视、电影、广播、互联网、现代媒体和直播等综合性媒介，而其进一步推销仅仅需要对重点的客源市场开展针对性营销，各级体育部门需要加大对体育旅游的公益性宣传，通过免费体验的宣传及体育旅游相关书籍的赠送等来宣传体育旅游的正能量，使其产生正面影响。通过多种形式的宣传，使得体育旅游观念和消费习惯深入人心。在组织基础之上还需采用各种创新性手段来推进体育旅游潜在市场的进一步培育。

（五）通过合作推动体育旅游

国家体育总局与国家文化和旅游部联合成立体育旅游工作协调与领导小组，其共同职责在于对体育旅游合作的指导和推进。两个部门可以共同制定相应政策，加强对体育旅游相关人才的培养和长期规划。协调小组可定期召开协商会议，通过情况的互通，对生产合作过程中出现的问题进行及时分析和解决。政府可以鼓励和引导各个省份的旅游以及体育的行政部门参照国家行政机关的合作形式，建立长期的合作机构和制度。它们可督促和指导所辖地市州的旅游部门与体育部门加强协调和沟通，推进旅游部门与体育部门合作，强强联手，协调本地区体育旅游产品发展。

第四节 我国体育旅游资源的分布情况

一、具备体育旅游开发潜力的资源分布

（一）自然资源分布

1. 溶洞资源

中国有着数以千计的洞穴资源。我国洞穴资源的分布与岩石的特点、当地的气候条件、地表构造、地下水作用有着千丝万缕的联系。我国的洞穴资源主要分布在云南、广西、贵州、湖南、湖北、四川、江西、广东、浙江、江苏、安徽及山东、河北、辽宁、北京等省、自治区和直辖市。南方的很多地区有集中溶洞，如贵州北部就有 700 多条地下暗河，广西桂林、阳朔一带的洞穴达 2000 个之多，云南彝良的洞穴达 66 个，湘西的溶洞达 2400 个之多。就目前情况而言，中国已经开发的洞穴达 300 多处，其中部分是对原有洞穴进行修缮。

2. 水体资源

中国的水体资源也非常丰富，中国有汹涌和奔腾的大江，也有涓涓的山间溪流，还有碧波荡漾的各种湖泊。自古以来很多的文人骚客喜欢去水边游走，他们或是玩乐或是吟诗，游乐形式多样。中国独具特色的湖景资源使得国内外的自然景观爱好者竞相前往。据不完全统计，我国有湖泊 2 万多个，很多湖泊的景色非常美妙，旅游价值非常高。我国的瀑布数量达到了数百个，瀑布群也达到了数十个。其中水质清澈、景观独特的名泉有上百处之多。我国有着非常长而曲折的海岸线，全长达 1.8 万千米。海景旅游的资源要素包括五彩卵石、沙滩风景、海底世界、神奇岛屿、海上日出、海市蜃楼和神秘海火等。这些水体旅游元素为我国体育旅游的发展提供了物质基础。

3. 山体资源

中国是多山国家，山地资源非常丰富，在中国约 960 万平方千米的领土上，丘陵和山地面积达到了 43%。中国各地名山是非常重要的旅游资源之一，这些名山往往具备雄、奇、秀、美等基本特点。

4. 沙漠资源

中国的沙漠面积达到了 70 万平方千米，如果把 50 多万平方千米的戈壁也计算在内，那么我国沙漠的总面积达到 128 万平方千米，约占陆地面积的 13%。虽然这些沙漠不利于人们的日常生活，却是人们户外生存和锻炼非常有用的资源要素，它是人类挑战极限的理想运动资源元素。

5. 生物资源

我国幅员辽阔，生物资源非常丰富，植被种类非常多。据统计，我国境内的种子植物约有 300 个科，其中较为古老的植物约占世界植物总数的 62%。在生物资源中，我国的动物资源也非常丰富。中国总共有鸟类 1170 多种，兽类达到了 400 多种，两栖类达到了 184 种。我国还有多个动物保护区，其中比较有名的自然保护区有神农架自然保护区、卧龙自然保护区、黑龙江扎龙自然保护区、湖南张家界国家森林公园、武夷山自然保护区、珠穆朗玛峰自然保护区、可可西里自然保护区、梵净山国家级自然保护区等。

（二）人文资源分布

我国是四大文明古国之一，有着非常灿烂而悠久的文化底蕴。我国的历史古迹遍及全国各地，黄河流域是中华文化的发祥地，可供人们学习的地方有古人类遗址、宝刹、古寺庙、名人故居、革命圣地等。在我国的七大古都安阳、西安、洛阳、南京、开封、杭州、北京留下了众多的历史古迹以及文物。其中西安和北京是我国历史上封建王朝建都最多的城市，历朝历代遗留下来的道观、寺庙、宫殿等大多集中在西安和北京，这两座城市也是人文旅游资源丰富的名城。

二、具有开发潜力的体育资源

（一）体育赛事类

近些年来，随着中国综合实力的不断提升，我国首都北京在 2008 年举办了第 29 届奥运会，在 2022 年举办了第 24 届冬奥会。除此之外，世界乒乓球锦标赛、汤姆斯杯羽毛球赛、世界田径锦标赛、世界一级方程式锦标赛等国际知名赛事的成功举办，也体现了我国赛事举办能力的提升。在国内，中国足球超级联赛、中国职业篮球联赛、中国排球职业联赛等一系列的赛事在各城市广泛开展，全国体育运动会、全国少数民族运动会和残疾人运动会也开展得如火如荼。为了推进全民健身，我国还举办了一系列的品牌赛事。

（二）民族体育类

中国有 56 个民族，每个民族都有其独特的历史和文化传统，例如特色服饰、节庆礼仪和民俗。中国的各个民族大都热情好客并且能歌善舞，各个民族都有自身与众不同的文化特质，这些民族文化特质也深深地吸引着旅游爱好者。在衣食住行上，各地区和各民族都有自己独特的习惯。在住房上有东北的暖居、河南西部的天井窑院，以及山西窑洞、福建永定土楼等。在节日的庆祝形式上有汉族的春节、元宵节、清明节、中秋节、端午节以及壮族、瑶族、侗族、苗族的"三月三"，等等。在少数民族聚居的地区，有很多具有民族特色的活动。这些少数民族独具特色的风情和他们生活所在地区的自然风光相互融合，形成了独具特色的民族文化和体育旅游氛围。因此，这些地区具有极大的体育旅游开发潜力以及前景。

第二章

我国体育旅游市场营销

第二章　我国体育旅游市场营销

营销已经成为现代市场经济当中最重要的推进手段之一，体育旅游市场发展也同样需要利用营销手段进行推进。为更好地促进我国体育旅游的快速发展，本章重点就我国体育市场营销策略进行分析。

第一节　体育旅游市场整体分析

一、体育旅游市场概念界定

市场是社会生产力达到某种程度后的产物，它随着商品经济的不断推进而发展。体育旅游市场是在商品经济条件下，随着体育旅游活动的发展而逐步成长和壮大起来的，它是商品市场中的重要组成部分。如今，体育旅游在现代经济条件下，已经产生了市场，它是旅游市场中的组成部分。市场是进行劳务和商品买卖的场所，在商品的生产和交换中逐渐产生并稳固，它包含商品和劳务交换中所涉及的人与人之间的经济往来和利益关系。[①] 我们分析市场时，可以从狭义和广义两个维度来阐释。首先，我们可从广义的维度进行阐述，市场是指在商品流通及交换中呈现出来的各种经济现象，以及由此所连接起来的人与人之间的经济关联。其次，从狭义的维度来看市场，市场指的是商品在某个时间和某个地点进行交换的场所或者是区域，这种狭义的市场也被称为有形的市场，比如百货商店、农贸市场，等等。而广义的市场既包含有形的市场，同时也涵盖了无形的市场两个方面。无形的市场指的是没有固定交易场所，通过中间商或者其他的交易形式来寻找顾客和货源，并通过买卖双方相互协商，最后达成交易的过程。从经济学维度来看可以发现，在商品市场中，体育旅游市场是其中的重要形式。体育旅游市场是指体育旅游产品中供求双方交换关系的总和，体育旅游市场能够对产品的供求产生各种反应。由于服务是体育旅游产品当中重要的表现形式，因此将劳务供

---

① 刘华芝. 基于应用型人才培养的体育旅游市场营销学课程改革研究 [J]. 经济研究导刊，2016，12（1）：2—8.

求作为中心的体育旅游市场属无形市场，其主要是通过中间商广告以及其他的中介机构来完成和促进交易。我们从市场的角度来分析体育旅游市场，可以发现体育旅游产品的现实购买者以及潜在消费者都是旅游爱好者。体育旅游市场是体育旅游产品需求市场或体育旅游当中的客源市场。其产品的现实消费人群往往是具备了体育旅游参与的主观意愿和客观消费条件的爱好者。体育旅游市场的潜在购买者是指已经具备参加体育旅游的客观条件，但是目前还没有制订出游的计划和规划，或者是有出游的计划但暂时还不具备出游的客观条件的潜在爱好者。

二、体育旅游市场构成

从经济学维度来分析，体育旅游市场主要由市场客体、市场主体、市场中介三个基础要素构成。

（一）市场客体

市场客体主要是指可以用来进行交换的体育旅游相关产品，它往往包含各种各样的无形以及有形的体育旅游资源要素和精细化服务，也包含现实存在的相关体育旅游产品和未来存在的创新性体育产品元素。[①]

（二）市场主体

在体育旅游市场中，所谓的市场主体指的是在体育旅游产品交换中的买卖者，其中卖者主要是指产品中的供应者或是生产者，而购买者主要是指体育旅游产品的消费者或使用者。在市场经济条件下，卖者主要是指具有独立的自主决策权和经济利益的相关经济法人，它主要包括能够提供体育旅游产品以及服务的企业、公司、团体和个人，而购买者主要是指具有参与体育旅游的客观条件以及内心真实意愿的爱好者与游客。

（三）市场中介

所谓的市场中介往往是指体育旅游市场中将各个主体进行连接的有形或者无形的桥梁和促成媒介。市场中介形式，往往涉及竞争价格、旅游中间商、旅游信息和其他中介机构、旅游质检机构和信息服务中心等，它们共同

---

① 王立冬，李旺，周子琳.体育旅游市场细分研究进展[J].体育科技文献通报，2021，29（8）：62—65.

构成了产品供应者之间、旅游产品以及消费者之间的媒介系统。

三、体育旅游市场的功能

在所有的体育旅游产品供给和需求方面，体育旅游市场所发挥出来的价值即为体育旅游市场的功能。其主要的表现形式有三个方面。

（一）提供交易信息

在当今的市场经济约束下，体育旅游产品的供应者需根据体育旅游市场目前的需求来决定生产体育产品的类型以及数量。因此在生产的过程当中需要根据需求来制订相应的生产计划，否则生产出来的产品在销售方面就会遇到很大的阻碍，甚至可能血本无归，或者是产生很大的亏损。体育旅游供给者要想获得体育旅游需求的相关信息，就离不开对体育旅游市场的相关调查和相关信息的获取。同样通过体育旅游市场，体育旅游产品的需求者也能够得到有关体育旅游产品的相关信息，比如市场上各种类型的体育旅游产品的需求量、相关的体育爱好者对运动项目的偏好以及相关体育旅游产品的价格区间。

（二）构建交易条件

体育旅游产品的交易是无形的产品交易过程。体育旅游产品的提供者要将生产的产品出售，想要体育旅游者购买相应的产品，就需要通过各种体育旅游市场中的中介，也就是各类体育旅游的中间商或者是广告媒介来实现。这些途径是实现体育旅游产品正常交易的基础要件。

（三）形成调节机制

市场经济体制是指市场经济当中竞争、供求、价格等在市场上直接发挥作用的因素，通过相互制约、相互适应、自我组织、相互调节形成的机制，这是市场经济运行的内在机制，也是各个市场元素和市场主体间的有机联系。在整个市场中，市场机制主要有供求机制、竞争机制和价格机制。体育旅游产品的供求矛盾在市场价格的杠杆以及良性竞争的各种元素的推进之下，使有需求和供给的双方进行适应调节，并最终达到平衡状态，形成稳定的市场供求关系，最终构建和谐的运行机制。

第二节 体育旅游产品创新策略

一、体育旅游相关产品阐释

产品是指能够向市场提供,并使人们某种核心需求得到极大程度满足的产品,或者是精细化服务。产品包含很多种类型,既有无形的产品又有有形的产品,无形的产品,比如服务、信息等,有形的产品,比如衣服、事物等。体育旅游产品是指为了满足体育旅游消费中的各种需求,体育旅游企业所生产的各种产品或者提供的精细化服务,往往包含体育旅游活动各阶段所有环节和服务。[①]体育旅游产品是指以特定运动或体育为主的旅游活动。它们有很多种类,包括登山、滑雪、潜水、水上运动、高尔夫等。这些旅游方式为旅游者提供了一个积极、健康的休闲方式,同时也让他们在运动中认识世界,探索美景。体育旅游产品的市场需求日益增长,主要是因为体育旅游产品在旅游方式上提供了多元化的选择。作为一种主题旅游,体育旅游尤其适合那些追求挑战性、竞赛性、冒险性的人。在此基础上,体育旅游产品还可以创造出更多价值,比如通过户外运动促进团队协作和沟通、锻炼身体、增强自信心等。在实现市场需求的同时,推动体育旅游产品的发展对于旅游业界而言也有很多优势。首先,体育旅游产品可以有效地推动地方经济发展,增加景区的吸引力和知名度。其次,体育旅游产品的发展也是旅游业创新的一种方式,可以拓展人们的旅游想象空间,提高旅游品质与水平,使旅游更加有意义和丰富多彩。当然,体育旅游产品的发展也面临着一些挑战。首先,对于景区和旅游从业者来说,体育旅游产品的开发和运营需要很多的知识和技能,缺少专业人才和配套设施会影响旅游者的旅游体验,降低旅游者的满意度。其次,体育旅游产品的发展也面临着一定的风险,比如安全问题、环境保护问题等需要得到重视。总的来说,体育旅游产品在满足市场需求的同时,也为旅游业界注入了新的生机和活力。尽管面临着一些挑战,但相信随着社会的不断发展,体育旅游将会成为未来旅游发展的重要领域。根

---

① 李兆进,姜付高.山东滨海体育旅游入境客源市场时空特征研究[J].沈阳体育学院学报,2015,34(6):59—63.

据现在的观念，我们可以对现代旅游产品进行界定：为了使旅游者在参与体育旅游的整个体验过程中的核心需求得到满足，相关的企业面向体育旅游市场所提供的各种精细化和个性化的服务和相关产品。针对体育旅游产品概念的外延，它是从产品的基本功能所希望的产品属性、相关服务以及附加利益和产品的未来等方向不断推进的。

二、不同市场生命周期的产品开发

（一）体育产品生命周期定义

任何产品在市场的生存中都有着相应的运行周期。在产品进入市场之后，经过相当一段时间的适应和发展，从市场当中退出是其必然的结果。产品的生命周期是指产品从投入市场开始，直到它最终退出市场的整个周期。一个产品在生命周期当中往往会经历产生、成长、发展、成熟到最后衰落和消失的过程。在这个过程中，它在市场上的销售和获利能力在不断地发生变化，这种变化是动态的，也是曲折的。当此类产品最终失去获利的能力以后，就说明它已经被时代和市场所淘汰，就应该退出历史的舞台。对体育旅游产品来说，它有着非常长的市场生命周期，特别是对于一些大众化的体育旅游产品来说，它能够在市场当中长盛不衰。一般说来，我们可以将产品的整个生命周期分为引入期、成长期、成熟期和衰退期四个基本的发展阶段。在引入期，产品在销售和利润方面都会有一定程度上的提升。在成长期，产品的销售和利润增长得相对比较快。到了成熟期，产品的销售和利润将处于相对稳定的阶段。到了衰退期，产品销售和利润会慢慢萎缩，直至最后消失。

（二）体育产品生命周期阶段性特征

1.引入期

引入期指的是产品刚开始进入市场的阶段。体育相关产品在此阶段所表现出来的市场特征为：第一，体育产品爱好者缺乏相应了解，这使得这类产品在销售层面会相对处于弱势，而且在这个阶段的产品的成本会非常高。[①]第二，由于该类产品刚开始进入市场，无论是在生产过程中，还是在管理层

---

① 郭戈，耿晓伟.新体育产品生命周期特征与营销策略[J].体育与科学，2004，25（2）：51—56.

面，都缺乏丰富的经验，这使得该类产品非常不稳定，它的性能也需要得到一定程度的完善后才能够有所保障。第三，在此阶段，我们需要投入较多的资金来吸引相应的经销商，同时还需要寻找到相应的渠道来销售此类产品，这就使得推销的费用在这个阶段占有较大比重，从而利润会比较低，甚至会出现少量的亏损。第四，由于此类产品处于市场进入阶段，这就对价格的制定造成了较大的困难，需要对需求、成本、利润几个要素之间的关系进行良好处理以后，再制定相关的策略。第五，在此阶段，由于市场的竞争方面疲软，这对于快速进入该市场的扩展是非常有利的，因此对此类产品的定位需要明确。第六，新兴的产品都会面临非常高的市场风险，所研发和创新出来的新兴产品，如果不能使市场的核心需求得到最大限度的满足，那么这类产品就会面临夭折和退出市场的风险。

2. 成长期

在此阶段，对于这一类产品，相关的爱好者已经有了比较高的熟悉度，产品的销量也会得到相应的增长。第一，生产技术和效率在不断发展和提升的同时，这类产品的生产成本也会大幅度下降，这就为产品利润的提升创造了良好的条件。第二，随着产品的知名度不断攀升，这类产品在促销和广告方面的费用也会变得非常低，从而进一步提升利润的空间。第三，丰厚的利润吸引着越来越多的经营者加入这类产品的经营之中，从而使得竞争进一步加剧。第四，通过前期的长期酝酿和准备，到了成长期已经建立了相对比较稳定的销售渠道，利润变得比较丰厚和稳定。

3. 成熟期

到了成熟期，这部分市场已经达到了饱和程度，产品销售已经达到了市场峰值，这类产品的销售率开始呈现下降趋势产品销量水平下降明显，原有爱好者的兴趣开始由于审美疲劳转移到其他新兴产品。第一，该类产品的生产成本会不断降低，甚至有些竞争力相对较差的企业会不断地被淘汰。由于利润率降低，新竞争者会变少。第二，为了保持竞争的相对优势，在市场上保持份额、降价、销售、撤销等策略频频被使用，这就使得虽然销量得到了提升，但是利润空间被最大限度压缩。第三，规模较大的企业和具有长远眼光与格局的管理者，开始对新产品进行创新和研发，投入比较多的资金进行创新和布局，并将全部的精力投入新兴的市场中。

4. 衰退期

第一，消费者在此阶段的消费需求会发生革命性变化，消费者的需求在

第二章　我国体育旅游市场营销

此类产品中难以得到最大限度的满足,这就造成了此类产品的库存积压。第二,这类产品的价格会不断降低。由于产品的利润空间被最大限度地压缩,企业会开始出现亏损的现象。第三,由于不断内卷,恶性竞争不断加剧,这导致产品的利润空间越来越小,越来越多的企业开始放弃这一产品,并退出这一产品的市场。第四,处于此类市场中的企业,还会对附加产品进行最大限度的压缩,并采用相应手段将开支不断压缩,从而更好地维持整个企业的良性运营。第五,在对应的市场中开始出现良性替代品,这类替代品开始具有相应的竞争优势,并有取而代之的趋势。

(三) 体育产品不同生命周期营销策略

不同的体育旅游产品有着不同的生命周期,要采用与该阶段相符合的营销和推进策略,只有采用良好的推进策略,才有可能获得相应的利润空间,促进企业良性运营和可持续发展。

1. 引入期策略

当某类新兴的产品进入市场竞争中时,要通过采取各种类型的营销手段来加深消费者对于此类产品的良好印象,提升该类产品的知名度。只有采用这样的策略,才能够使消费者对产品快速地了解,并产生购买的欲望。在新型产品的引入期,推销者应该积极建立相应的营销渠道,积极拓展产品的销售面和销售渠道。[1]

(1) 快速掠取。快速掠取策略是指通过采用高促销和高价格的策略,来为产品树立起较好的形象,获得较大的利润空间,通过相对比较高的价格来补偿相应的促销费用和广告费用。通过此类策略可以使产品更好地引起市场相关人员的注意,更快地占领市场的份额。通过目前一些情况来看,一些比较大的知名企业通常采用此方略,特别是在产品的推广和试运营阶段,运用此类策略达到相应的运营目的。但是要注意以下几个方面:第一,在质量方面,产品要具有相应的质量优势,能够使产品价值满足爱好者的核心需求,使爱好者的核心需求得到最大限度的满足,使相应的消费者有再次购买的欲望,并形成口碑。第二,相应的目标市场对此类新兴的创新产品有着相对比较大的市场需求,产品被创造出来以后,有着比较大的销售面和销售空间,

---

[1] 西宗凤,楼小飞,李维涛. 基于产品生命周期的体育赛事营销策略 [J]. 上海体育学院学报, 2008, 32 (3): 68—73.

利润率有很大程度上的保证。第三，对于该类型产品，爱好者还不是十分了解，由于不太了解此类产品的具体内容和创新度，他们往往抱着比较好奇的心态，并且有相应的购买欲望。第四，体育组织的经营往往面临着比较强的竞争和其他同类产品的威胁，需要用最快速度来抢占市场。

（2）缓慢掠取。缓慢掠取策略是指运用价格相对较高，但在营销和推进速度方面投入费用相对较低的营销策略。此类方略有着相对比较低的运营成本，能更好地保证公司获得最大化的高利润。要成功地运用这个策略，需要注意以下几个方面：第一，市场规模相对比较小，市场的竞争不是十分激烈。第二，对于该类型的产品，大多数的消费者有相当高的了解度。第三，对于比较高的价格，如果在消费者的消费能力和承受能力之内，此类策略往往在大型的健身俱乐部、大型的体育赛事运营和高档健身会所的运营中被广泛使用。

（3）快速渗透。快速渗透策略是指采用相对比较低的价格及搞促销的手段来推进产品的营销。采用此方式能够使相应的产品快速渗透到相应的市场中，从而占领相应的目标市场。要成功地采用此类方略，必须具备以下条件：第一，要具有非常大的市场规模，而且市场竞争也十分激烈，有时甚至达到惨烈的程度。第二，对于相应的体育产品，消费者还不是十分了解，但对于产品的价格，消费者会表现得非常敏感。第三，具有相对比较大的生产规模，单位生产成本相对还比较低。通过对上面的一些条件进行分析，可以知道：一些小型的商业化赛事往往采用此类策略。

2. 成长期策略

低价渗透策略指的是采用相对比较低的价格来快速占领市场的营销手段。在此类营销手段中，消费者对产品还是比较乐意接受的，他们往往乐意接触此类产品，举办方因此节约了相应的促销费用，为后续利润空间的拓展创造了前期的条件。在运用此类策略时，要注意以下几个方面的问题：第一，在目标市场中，相应的体育产品应该具有非常大的市场潜力和前景。第二，对于该类型的体育产品，消费者已经有了非常清晰的了解，并且非常在意产品的价格。第三，在市场当中存在着潜在的竞争性威胁和被淘汰的压力。在我国的一些群众性体育健身场馆的运营和推销中，往往采用此类方略。[①]

[①] 李斯蕊，李润珂. 体育产品生命周期问题研究 [J]. 环球市场，2016，25（1）：34—38.

第二章 我国体育旅游市场营销

3. 成熟期策略

到了体育类产品的成长期，对于该类型的体育产品，爱好者已经普遍接受了，无论是在其销售的数量方面，还是在产品的利润方面，都在以明显的速度提升。由于此类型产品的利润率在不断提升，利润总量非常明显，因此会吸引更多的投资者加入此类竞争中，竞争变得异常惨烈。在此情况之下，公司要想获得推进，就必须树立提升品牌价值的基本策略，并提高消费者对品牌消费的忠诚度。在此类型产品的成长期，我们采用的营销策略主要有：第一，对产品的性能进行持续性改进与提高，使消费者能够获得非常好的体验，使他们的核心需求得到最大限度的满足，这就需要提高产品的功能性，提升服务的精细化。第二，重新对销售的渠道进行评估，巩固原来较好的渠道，使得销售渠道变得稳定。拓展创新性思维，进一步开发市场，扩大产品在同类竞品当中的份额。第三，透彻地分析竞争对手，找出对手的弱点，向空白市场积极渗透，以进一步提升产品在同类市场当中的占有率。第四，调整相应产品的价格，以更好地保证该类型产品在市场当中的良好地位，适当地降低产品的价格来吸引同类型的消费者和喜欢低价产品的消费者。第五，在产品的促销方面需要进一步提升。要使产品树立起较好的企业和公司品牌形象，以使该类型产品的品牌获得消费者的认可，并提高消费者对消费此类品牌产品的忠诚度。

4. 衰退期策略

第一，运营改变的策略。这种策略主要是为寻求市场广阔度，通过对新产品的不断创新和改良，或增加新的价值等方略，来进入引入期或者是成长期的市场竞争氛围之中。第二，产品的改进策略。所谓改进是指对产品进行相应的创新和改变，通过改进产品的内容元素来吸引爱好者进行购买，提升他们的购买欲望。对产品的改进维度主要涵盖了产品的服务精细化、质量深度化、特征明显化、款式新颖化。第三，营销组合的改进方略。在营销方面有着很多种方略，我们可以通过多种营销策略的组合，来吸引更多的爱好者。我们可以在保证产品质量过硬的前提下，采用扩大销售渠道、低价竞争等方式来吸引更多的消费者购买此类产品。另外，我们还可以在广告当中有策略地引导相应的消费者来消费此类产品，通过相应的广告策略来挖掘深层次的消费人群。第四，品牌扩张的策略。产品在不断的发展中会逐渐形成自身的品牌定位，为了进一步提升产品的销售量，提升产品在同类产品当中的份额和地位，就需要对产品进行系统性开发，从而促进此类产品品牌价值提升。

不管多好的产品都有一个周期，每一个产品都有其衰退期，这主要是由多方面要素所造成的。在整个产品衰退期，它所获得的利润会不断下降，甚至出现负数，这就需要采用合理手段来调整以达到提升产品利润的目的。第一是集中策略，这种策略是指集中各种资源用于自身销售的基本方略。第二是重新定位策略，这种策略只通过运用各种有效的手段来促使爱好者改变对原有产品的固有印象和常规认知。我们通过这种手段使得品牌的形象得到重新建立，通过此类策略能够推陈出新，获得更好的销售效果。第三是放弃策略，如果产品已经失去了市场，或已经被社会所淘汰，已经没有办法适应新时代市场对该类产品的需求，没有办法满足爱好者的核心需求和体验需求，这个时候，我们就需要对此类产品进行合理放弃。在放弃此类产品时，我们可以保留原有产品当中的部分元素，同时在新的产品当中融入新的时代元素，构建出适应时代发展的新产品，并构建起新产品的利润空间和营销模式。

三、新产品开发的过程

在对新产品进行开发时，要对市场的需求量进行综合考量，并将此作为基本的依据来开发具有市场竞争力的产品，从而做出正确的决策，以吸引目标消费者。在新产品的开发中，市场的需求是非常重要的考量要素，只有在有需求的情况下去开发相应的畅销产品，才会有销路，才有可能产生利润，并获得产品的可持续发展。[①]在开发新型产品时，对市场的需求进行基本的把握，是做出所有决策的出发点和落脚点。通常来说，新型产品的开发主要涵盖了新型技术的引进、理论的研究和引进、与研发的结合三种基本模式。在三种模式的运行过程中，自行开发需要投入相对较多的资金，也是相对较复杂的，并存在比较高的风险。如果开发出来的新型体育旅游产品无法获得市场认可，那么产品就会产生失败结果，最开始用于开发的资金也会付诸东流。如果开发得相对比较成功，那么新型产品就会带来相对较多的收益。在开发新型产品时，要注意采用科学的办法，新产品的开发和研制要运用创新思维，在开发的过程中，邀请该行业的领军人物，或者是具有创新思维的高端人才进行开发，虽然成本高一点，但是有可能开发出具有市场竞争力和前景的产品。

---

① 姜亚含.全域旅游视角下大连市长海县海岛体育旅游产品开发策略研究[D].沈阳：沈阳体育学院，2020.

第二章　我国体育旅游市场营销

产品构思是对新产品的方向进行定位和仔细研讨的前期准备。产品构思是新型产品研发过程中的重要环节，是产品构建计划的组成部分。没有构思环节，就没有产品制造和市场推销，也就没有实施准备。在构思中，相关领域专家咨询、市场调查与研讨是其中的基本环节。在进行整体构思时，需要考虑的首要条件是目前的消费人群的核心需求，同类产品有哪些竞品。其次要考虑相类似产品中，还需解决什么核心需求。最后要考虑现有产品还需在技术和工艺方面做出哪些调整。筛选是指对新型产品进行甄别和选择的过程。在此过程中，要广泛地整理、分析、收集对新产品构思的意见和建议，构建新产品的核心竞争力和盈利点，通过创新来打造产品的核心竞争力，使之符合企业或者公司长远的发展目标。在构思的过程中，要将企业具备的优势充分地发挥出来，人无我有、人有我优、人优我廉是基本构思出发点。在甄选中，要放弃那些具有较小可能性获得利润的产品。在进行选择时，应考虑综合要素，包括同类产品竞争情况、市场需求状态和企业自身优势等。

第三节　体育旅游市场营销策划

一、市场营销策划概述

实现产品的销售并获得利润是企业进行市场营销的根本目的。通过开展各种类型的营销活动，能够帮助公司或者企业对体育旅游爱好者的各类需求进行全盘掌握。企业可根据体育旅游爱好者的具体需求，来对相应的产品进行优化设计。企业可以采取各种各样的销售和营销手段，来促进体育旅游爱好者做出相应的购买选择，从而实现商品利润。

市场营销实现了商品在市场中的设计、制造、购买与销售。在进行市场营销的整个过程中，商品在空间上发生了位置转变，并在市场经济的调节作用下达到了供需双方平衡。[①] 市场是各种商品和信息不断进行交换的市场空间，市场营销的物流促进了整个交换功能的实现，也促进了整个市场的健康和可持续发展。通过开展市场营销，体育旅游企业能够更好地促进

---

① 梁康帅，邓坤坤，王晓东. 皖南地区体育旅游产品设计与推广策略 [J]. 安阳师范学院学报，2021，23（5）：55—59.

买卖双方的交流,并以产品、信息、资金、资源等方式的流通为买方提供相应的便利条件。在开展各类营销活动的过程中,首先要做出相对应的市场营销策划,其次通过准备、计划、调配和执行,最后完成相应的营销系列活动。对于市场营销的策划,有部分研究者将其定义为将满足消费者的需求作为一切行动的出发点和核心。

根据企业的营销指标为企业的基本产品构建精细化服务、目标价值、创意活动、市场营销策略、营销渠道等,从而实现企业与个人之间的交换。市场营销活动是通过有组织的人员实施的,其成功与否与市场营销策划关系密切。营销策划是在对经营组织的环境进行认识与分析后制定的,并在对体育市场特征进行认识和研判的基础上,对企业资源条件进行匹配。这样既能够对企业营销活动进行指导,也可以对营销过程当中可能存在的问题进行创造性解决。由此可见,市场营销的策划活动不是单纯与体育有关的广告设计及产品的销售和策划,它是一项全面性的工作,其内容包含既定目标的实现,以及各种资源的合理优化与调配。它的整个目的在于赢得最终企业营销的成功。市场营销的策划过程的价值体现在多个方面,首先,它是为了更好地促进公司的长期发展而制定的导向图。其次,通过营销策略的专项指导,能够对企业进行科学化、人文化、分层次的管理市场营销策划,还能够更好地利用人力、财力、物力的多种资源协调好各种人际关系,实现企业的长远发展。最后,市场营销策划还能够帮助企业对发展中存在的各种问题进行清晰的认知,对其中可能存在的机遇与挑战有更好的把握。

二、体育旅游市场营销策划的步骤

(一)准备工作

1. 准备工作要素

针对体育旅游市场进行营销策划,首先要准备相应的基础条件,主要提供与企业经营密切相关的详细情况。比如,企业自身的优势和劣势、企业整体经营状态、主要竞争对手优势和劣势、现在时刻的整体市场环境等。在分析体育旅游市场时,必须进行市场综合性客观分析,了解体育旅游市场整体规模、市场最近几年的整体发展状态,以及当今体育旅游消费者的购买行为和心理深层次需求等。分析体育旅游产品以及相关精细化服务的具体细节,深入分析产品的价格合理度、销售的具体情况以及利润表等。我们通过详细

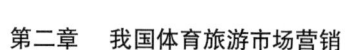

分析体育旅游市场当中的整体竞争状态，特别是深入分析竞争对手的实际情况，就可以做到知己知彼百战不殆，这也是我们合理地开展营销活动的基础要件。具体而言，应该对竞争对手的促销策略、产品的优势和劣势、经营的理念、广告策略等进行综合分析，并对市场的占有率和未来的前景进行综合研判。

2.SWOT 分析

重要调查工作是针对企业经营中出现的优势、劣势、机遇和威胁进行针对性分析。在对环境进行评估时，要注意以下几方面：首先吸引力是潜在获取利润的能力。其次就是获得成功的可能性。我们能否将环境看成企业发展机会，需要看周围环境是否与企业优势相契合。在所有营销环境中，威胁要素是对企业发展不利的因素，对于周围环境的不利因素，主要从以下方面分析：首先是它可能带来的损失大小；其次是发生概率。通过针对性探索，分析和探讨体育旅游企业的各种环境因素，找出所有因素中的有利因素，并对不利因素进行规避。在客观地探索外部环境的基础上，要更好地探索企业整体经营状态，包括对公司优势和劣势的精准分析。在确定整个营销策划方案时，要对公司优势进行充分挖掘，并积极地弥补企业中存在的漏洞。通过 SWOT 分析可以探知：体育旅游企业产品规模越小，那么其整体建构越简单，并且参与人数也会越少。企业越大，参与人数越多，越能够发挥公司的整体规模效益，创造更大的利润。在对企业进行 SWOT 分析之后，可以针对企业经营中出现的问题进行针对性解决，然后制订解决问题的方案。

（二）综合分析后确定策划主题

1. 主题选择

一般说来，体育旅游市场的营销策划主要来源于以下方面：首先是通过上级将主题传达下去，其次是通过开展部门会议以及公司相关策划会议，对营销主题进行集体讨论，并得出最后结论。我们还可根据自身思考及研判来选出合适的策划主题。[①] 不同的公司和企业在经营和策划方面存在不同情况，在对策划的主题进行甄别时，也会有不同的参照标准，如果缺少了对照，就会产生盲目性，从而造成资源浪费。为了使策划更加有效，策划主题的来源

---

① 冯鑫，刘艳娜，隋东旭. 基于马斯洛需求层次理论的我国冰雪体育旅游靶向营销策略研究 [J]. 冰雪运动，2021，43（2）：6—10.

应达到以下要求：第一，企业的管理者和上层领导者应根据公司整体发展来确定策划主题方向。第二，企业高层领导应进行多方研讨，然后从中甄别出比较可靠和具有营利性的主题。第三，部门主管如果觉得非常有必要，可进行会议讨论，并推选出比较可靠的主题。第四，由营销和策划部门提出，然后由体育旅游相关专业人士推选出比较可靠和得到认可的主题。

2. 主题分解

在确定好相关的主题以后，要对策划的主题进一步分解，并对下一步工作进行具体布置。整体策划的主题越是明确，那么获得的策划成效也就越有针对性，有利于下一步具体工作的推进。[①]

3. 确定目标

在体育旅游市场策划中，目标是策划的核心内容，它对整个营销策略及后续行动具有重要价值。通常情况下，体育旅游市场营销策划的基本目标主要有两类，首先是财务目标，其次是市场营销目标。财务目标与营销目标有着相互依存、不可分割的关系。通过达成相关的营销目标，就能够有效达成财务目标。在对相应的目标进行制定时，要尽量规避具体目标不清晰。要采用量化形式进行制定，通过量化形式对目标进行表述，有利于在后续目标的达成中，对达成情况进行具体评测，通过评测对任务完成情况进行有效反馈。

（三）搜集和整理资料

体育旅游市场的营销和策划，需要对有限的资源要素进行最大限度的应用，以获得相对比较理想的成效。理想成效需要收集各方面的信息和资料，以确保策划过程符合市场的实际状态，确保制定出的决策具有科学性。市场调查中要最大限度、最大范围、最大可能地深挖具体信息，做到多看、多问、多查、多听、多想。具体地说，要做到对市场的精准把握，就需要从以下维度入手。

第一个维度是市场需求，调查的内容要准确。市场需求调查包含数个要素：第一，商品在市场上的供需整体状态以及未来可能出现的变化。第二，在改变销售相关方略以后，可能带来的销售量的变化以及竞争者销售量的可

[①] 于伟. 冬奥背景下河北冰雪体育旅游的营销策略研究 [J]. 河北广播电视大学学报，2021，26（6）：45—49.

第二章 我国体育旅游市场营销

能趋势。第三，企业或者公司本身核心产品的市场需求量。

第二个维度是对消费者的调查，对消费者购买习惯、动机、欲望、能力等维度的调查和研判，这是针对消费者进行调查研究的主要维度。显而易见，对消费者进行研判，是市场调查当中最为头疼、最为重要，也是最难研究清楚的议题。体育旅游消费者调查包含数个因素：第一，组成体育消费的人群的结构是怎么样的。第二，体育消费者的购买能力和消费结构是如何表现的。第三，购买体育旅游产品的人群是谁，其产品的使用对象是谁，购买行为的最终决定者是谁，体育消费的过程中其决策会受到哪些具体因素的制约。第四，体育旅游消费者对劳务需求和精准化服务以及购买的产品有哪些心理上的需求。第五，体育旅游消费者对本公司的经营行为和服务质量的整体印象如何，如果有问题应该如何改进。

第三个维度是竞争状态。我们要获得市场的准确信息以制定经营策略，就需要对对手进行准确把握。在市场调研中，如果能够对竞争情况进行全盘掌握，就可以根据对手的经营状态来制定方略。我们需要考虑的竞争要素包含以下一些情况：其一，体育旅游行业当中的竞争者有多少，同行有多少。其二，竞争者的体育旅游产品的品质、数量、整体成本、定价和整体利润如何。其三，主要竞争者的市场经营方略和整体思路是什么。其四，各个体育旅游竞争企业和公司的经营实力如何，他们已经占有了多大的市场占有率。第五，竞争对手的具体优势和劣势表现在哪些方面。

第四个维度是对市场营销组合影响的分析研判。需要研判的因素包含以下方面：第一是体育产品的研判，它主要包含产品的试销、包装、生命周期研判，以及消费者对本经营单位相关体育旅游产品的整体评价。第二是分配调研，分配研判涵盖了对经销单位中间商的销售状态的分析，以及对相关体育旅游产品与预售和代销渠道的研判和分析等。第三是价格研判，价格研判涵盖了消费者对精细化服务和体育旅游产品相关劳务以及实物型消费的价格变动的相关反应的研判。当然价格研判还包含新开发的核心体育旅游产品的价格合理度和消费者的承受能力。第四是促销研判，它涵盖了广告媒体的调研、整体广告的预算，以及广告效果的预判和其他促销方式成本的研判。

第五个维度包含对不可控因素的研判。在体育旅游产品的销售过程中还存在着一些不可控因素，包括政治、经济、社会、文化、科技、法律等综合因素的影响。这些不可控因素的资料和信息的来源可以通过间接方式来取得，比如通过新媒体、直播、杂志、报纸等方式。

信息的整理和收集过程便是创意生产的整个过程。在对具体的信息进行收集和整理的过程中，获得相关的线索以及创作的灵感，从而形成具有创新性的行为。对信息的收集、整理、组合、创新的过程，就是创意产生的过程。我们可以把这个过程分为三个阶段，即信息线索的启发过程、产生灵感的过程以及创意构思和形成的过程。

营销的书面材料就是策划书，它是营销策划得以顺利进行和实施的基本保证。这个部分在整个营销策划中占有十分重要的地位。在营销书制定的整个过程中，应该做到书写规范、通俗易懂、逻辑清晰、规划合理，能够让看的人信服。营销策划书的结构包括封面目录、前言、摘要、背景、目标、效益、评估等数个模块，这些内容要素之间必须密切相关、层层推进、逻辑清晰。

在策划方案得到公司领导的确认和批准之后，接下来就是策划的实施过程。一般情况下，策划与实施是由两个独立的部门完成的，策划部门专门负责营销的整个计划过程，而实施部门是最后的落实部门，策划和实施的这两个过程相辅相成，不可分割。两个部门的通力协作决定了最后计划实施成功的可能性。这两个部门之间必须保持良好的交流与合作，从而保证最终实施策划方案的有效落地。在实施方案的过程中，要针对实施过程的要素进行具体测评，确保策划方案能够按照预先制定的阶段性目标得以实施。绩效考核能够保证人员的工作都获得回报，并对方案实施过程当中的人员进行有效管理。

第四节　体育旅游市场发展策略

一、体育旅游价格策略

（一）产品价格策略分析

我们对产品进行定价，并对价格进行控制，是对体育旅游产品价格策略进行整体设计的最重要的目的。我们在制定具体策略时，要对体育旅游市场的影响要素进行全盘把握，同时也要对重要的竞争对手的反应进行预判。市场在不同的社会背景和经济环境当中的表现是不一样的，同时也应该根据体育旅游产品的供需情况进行定价,这就需要体育旅游企业针对社会状态和供需情况进行综合性分析以确定具体的价格方略。

在新型产品刚刚进入市场时,需要制定相对合理的定价策略,常用的产品定价策略有以下几种方式。

1. 新产品定价策略

(1)满意定价。根据对市场调查的结果来制定让消费者满意的价格,同时能够使公司获得相应的利润保证。在市场定价中,这种策略被广泛采用,这种策略的优势在于价格非常平稳,能根据公司的预期来实现整体的利润目标,并且在后续的价格调整方面也相当灵活。但是如果市场环境相对比较复杂,这种策略的采用就会受到限制。如果在体育旅游产品的目标消费群中有相对比较集中的消费群体,这种定价策略就是非常适合的。

(2)"撇脂"定价。当新型产品进入市场时,由于市场弹性相对较小,消费者对新型的体育旅游产品还不十分熟悉,这个时候我们可以采用"撇脂"定价策略。在导入新型产品的阶段,我们可以通过相对较高的价格进行定位,从中获得相对比较高的利润。通过这种方式既能够引导消费者追求新奇,也能够使公司的利润得到保证。通过这种方式,公司往往能够获得超额利润,但是这种方式会吸引较多的同行加入,从而造成恶性竞争。

(3)渗透定价。渗透定价策略,是指新产品采用相对较低的价格进入市场,从而占据相对较大的市场份额,提高其整体的销售量。通过这种营销策略能够比较快地占领同类市场。但是此类策略带来的相对利润比较低,对于价格也不方便进行调整。当占有一定的市场份额以后提升价格时,会导致部分消费者的流失。

2. 心理定价策略

心理定价策略是指体育旅游产品的最终价格,是根据体育爱好者的购买心理来进行最终的确定,以使得不同购买心理的体育爱好者能够得到同时满足。

(1)习惯定价。习惯定价策略是指根据体育旅游爱好者所习惯的价格,来对最终的核心体育旅游产品进行定价,并最大限度地保持相对的恒定。对于经常消费同类型体育旅游产品的体育爱好者而言,他们对某些体育项目或者相关的体育旅游产品的价格已经非常熟悉,这类人群对相关体育旅游产品的价格非常敏感,如果将价格提升,这类消费者就很难接受。因此我们在定价的过程中,要尽可能考虑这一部分发烧友的消费能力和消费习惯。

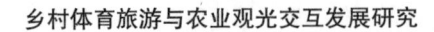

（2）促销定价。促销定价策略是指某产品在市场中处于相对比较弱势的地位，在销售中遇到了困难时，我们可以采用低价促销等形式来促进相关产品的销售。

（3）声望定价。声望定价的策略是指公司在建立核心品牌时，产品会在相关的体育旅游爱好者心中形成相关的声望和信誉。体育旅游爱好者之所以会购买相关产品，主要是因为他们对这类产品品牌认可，即使这类产品的价格相对较高，他们也会由于对此项目或是相关品牌认可而选择接受。

（4）尾数定价。对于体育旅游产品相关价格的制定，有些体育旅游产品的相关企业会在对产品进行定价时故意保留尾数，采用这种策略能够使人感觉这一产品相对比较便宜。比如，某产品本来是100元，最后的定价为99元，虽然价格只便宜了1块钱，但是它在整体上会给人便宜了很多的感觉。

（5）整数定价。在对体育旅游产品进行最终定价时，体育相关企业往往只取整数不要零头，这种定价策略主要适用于对高档体育旅游消费品的定价。将最终定价的零头去掉变成整数，会在某种程度上提高体育旅游产品的档次，满足体育旅游消费者的炫耀心理。

3.折扣定价策略

折扣定价策略是指在体育旅游产品的正式价格的基础上进行打折，以吸引更多的人加入体育旅游消费，扩大销售面。

（1）现金折扣。这种策略是对一次性付清货款的消费者给予相应的折扣。比如俱乐部会费的支付。

（2）数量折扣。对大量购买相关体育旅游产品的消费者给予适当数量折扣，从而从整体上降低平均价格。

（3）季节折扣。对过季或者是过时的相关产品进行降价销售。

（4）中间商折扣。这种策略是指给予批发商或者相关的零售商额外的折扣度，吸引他们经营自己公司或企业的核心产品。

（5）折让。这种策略是指以旧换新，在购买新产品时，可以将旧产品折现抵扣新产品购买款的一部分。

（二）产品价格营销策略

第一步，明确目标受众。作为一种旅游形式，体育旅游面向的客群有所不同，需要明确目标受众。目标受众包括体育爱好者、健身人群、赛事观众等，不同的受众有不同的需求和偏好，只有针对目标受众开展宣传和推广，

才能精准地寻找到感兴趣的用户。第二步，选择合适的推广渠道。现在的推广渠道多种多样，包括线上推广和线下推广。线上推广包括社交媒体、网络广告等；线下推广包括展会、活动等宣传方式。体育旅游产品的营销可以结合线上和线下的推广方式，通过多种渠道的宣传辐射更多的目标受众。第三步，精准地定位与定价。价格是消费者购买产品的关键因素之一，因此选择合适的价格是关键。体育旅游产品的价格可以根据产品的特点和市场需求来制定，定价时必须考虑到体育旅游的独特性和个性化需求。同时，产品的定位也要精准到具体的目标受众，比如向家庭、学生、时尚人士、商务人士等不同的市场群体推销不同的产品和定价策略。第四步，提供高质量的体育旅游服务。体育旅游产品的品质和服务质量直接影响到消费者的满意度。在提供高质量体育旅游服务的基础上，可以探索更多丰富多彩的体育旅游体验，如参观体育馆、感受体育文化、参加体育比赛等，为受众提供更多选择，以吸引更多的用户。

总之，要想体育旅游产品获得成功，就需要制定出科学合理的营销策略，其中包括明确目标受众、选择适当的推广渠道、制定合适的价格策略和提供高质量的服务等，这些都是体育旅游产品营销的关键点。只有在合适的策略和方法的指导下，体育旅游产品才能获得市场的认可和广泛的用户基础，从而获得长足发展。此外，体育旅游产品的价格与社会的整体状况有着不可分割的联系，同时它还与地区的体育旅游设施状态、服务的精细化程度和文明程度有一定的关联。区域不同，体育旅游的消费也不同，服务的整体质量会对消费者的购买欲望产生影响。相关消费者的消费需求不同，在对相关产品进行定价时也会有不同的考虑。体育旅游相关产品的价格也和节假日、季节等有着密切的联系，有淡季与旺季的分别。体育相关产品的价格往往根据淡季和旺季的差别来进行价格的调整。一般来说，体育旅游人数在旺季时会大量增加，相应价格会上调，在淡季时体育旅游产品的价格就会相应下降。以我国北方沿海地区为例，在夏季时，北方沿海地区的体育旅游产品处在旺季，而到了冬季，由于天气比较寒冷，旅游者人数减少，相关的产品的销售就会遇冷。总而言之，体育旅游产品要根据具体的需求情况和社会状况进行合理的定价。

随着中国人民生活水平的不断提高，越来越多的人钟爱自驾游，很多人开始开着房车旅游，人们的生活方式变得越来越丰富多彩，社会的消费形态在不断发生变化。很多人对价格的波动较为敏感，而有些人对价格的波动不是特别敏感，而对服务的质量和精细化程度非常敏感。因此我们必须分析清楚情况，采用合理的价格策略来进行调节。我们可以采用的价格营销策略有多种形式：第一，针对空间的差异进行定价，如根据旅游的季节性特点进行定价。第二，根据不同的时间进行定价，如针对旅游的淡季和旺季进行定价，在旺季时门票价格可以相应提高，而在淡季时可以采取一些降价和打折的策略。第三，小包价团，它指的是旅游者预先支付部分旅费，由组团社提供选择性项目、订房、接送、早餐和交通，选择性的项目一般为一日游或者是半日游，可供选择的项目要单列，不计算到综合的报价中，旅游者可以根据自己的承受能力和实际情况来进行选择。第四，零星委托，这主要是针对个人旅行者提供的单项服务，如接送、订房、文娱节目、交通费用等。由于这种零星委托的业务量相对较大，可以让旅游者预交一部分定金。

二、市场分销渠道

（一）市场分销渠道决策

1.市场分销渠道阐释

分销渠道指的是服务或者产品从生产者手中转移到消费者手中的过程，获得这种商品或者相关服务的所有权，或帮助所有权转移的个人或相关组织。这种渠道往往能在体育旅游产业中将生产者与消费者二者进行连接，对于相关产品在市场上的流通有重要意义。整体说来，体育旅游市场当中的分销渠道主要涵盖了以下几方面功能。

（1）传递信息。传递信息功能是指通过与消费者进行面对面的接触，零售商能够对消费者的需求进行精准把握，从而将信息反馈给生产方进行针对性改良。

（2）库存管理。生产企业和公司在库存方面的增加，会造成各种成本的提升。充分发挥分销渠道的库存管理价值，通过它们管理价值的发挥，能够使这一问题得到有效化解。

（3）促销作用。通过合理利用宣传途径，中间商能较好地传播产品的具体信息，让消费者的具体需求得到满足。在现代社会中，人与人之间的沟通变得越来越便捷，这也是人际传播不断得到强化的印证。现代销售方式包括电商和直播带货等形式，这些现代化营销和促销方式是体育旅游产品实现销售目标十分重要的路径。

2.市场分销渠道决策内容

企业或公司应该根据自身的情况来选择合适的分销渠道,这就需要进行合理渠道的甄别。选择一个比较好的分销渠道,面临着几个要素的选择。

(1)渠道长度。渠道有长短的差别,长渠道是指产品要经过多个环节才能够到达消费者的手中,包括制造商、代理商、批发商、零售商和消费者等渠道。短渠道则不需要经过太多的环节,有的产品甚至可以直接从生产者那里到达消费者的手中。在进行分销渠道的选择和甄别时,应该根据产品特点来进行不同的选择。比如,当体育产品的购买量比较大,体育旅游消费者的群体较多,并且在位置上相对比较接近时,我们可以采用相对比较短的渠道进行;反之,我们就需要采用长渠道的形式进行。如果公司或者企业有较雄厚的实力,并且推销已经达到很大的规模,那么我们就可以不使用或者少使用中间渠道。如果企业或者公司具有的规模相对较小,推销能力也非常有限,那么就应该尽可能地使用实力较为雄厚的中间商。

(2)渠道宽度。按照分销渠道,从每个渠道的层次使用中间商的数量进行分类,可以将分销的渠道分为独家分销、密集分销以及选择性分销三个基本的类别。我们可以根据企业的具体战略来选择相应的渠道宽度。

①独家分销。独家分销是指在某个地区设立唯一中间商,中间商在本地区享有此类产品销售权。这种销售的策略有强排他性,在品牌质量非常过硬、价格相对较高的产品中,经常采用此策略。通过这一分销渠道能使中间商和生产者间建立起相对比较密切而稳定的联系,使相应的营销策略和活动能够不折不扣地被执行。但是由于这种策略使得消费者、生产者和中间商之间建立了相对比较密切的联系,一旦发生风险,就很容易导致各方都受到比较大的影响。

②密集分销。密集分销是在同层次的分销渠道中对分销商进行大批量的运用,使得本方的产品能够在短时间内销售出去。采用这种分销策略,能够使本公司或者企业的体育旅游产品在短时间内拥有相对比较大的市场占有率,从而使相关的体育旅游消费者和爱好者能够更容易地接触到企业或者公司的创新型产品,但是此分销策略的缺点是不容易控制,如果控制不当,就会导致中间商管理的松懈和失控。

③选择性分销。选择性分销是指在分销渠道中选择宽度相对比较适中的策略,在分销中,有些企业往往会选择几家具有销售实力的中间商来销售本方的体育旅游产品。采用此策略,能在主要市场中拥有一定的市场占有率,

并在行业当中形成较大的影响。渠道宽度相对适中的策略,被很多体育旅游企业和公司采用。

(3)选择渠道成员。生产经营者选择中间商时需要考虑以下要素:第一,中间商以往经营史和具体实战经验,以及过去数十年的销售业绩和获得利润。第二,中间商的经营目标和经营范围、具体的服务对象、服务的精细化程度以及口碑、经销商与企业的目标市场是否保持一致等。第三,中间商所处的位置,零售商要处在消费量和流量相对比较大的区域,批发商需要具备相对较好的存储和运输能力。第四,中间商所具有的规模、经营实力、资金的运行状态以及诚信度和信誉等。第五,中间商是否对企业所生产的产品有相关的知识储备和技术积累,是否具有对售前、售中和售后进行服务的相关能力。第六,中间商的市场渗透力和市场覆盖范围的大小。

(4)激励渠道成员。需要采用相应的激励措施,促使渠道各个成员的积极性能得到发挥,使他们能够更好地完成销售目标。一般来说,运用的激励措施有很多种,主要有以下形式:第一,针对中间商提供相应的技术和技能培训。第二,配合中间商进行广告宣传,并从中承担一定份额的广告费用,同时也为中间商开展各种形式的促销活动提供全方位的支持。第三,将部分利润留给他们,使得中间商有利可图,激发他们的活力和积极性。此外,还可以提高其独家经销的特殊地位。第四,企业与中间商保持信息上的高度通畅,增加相互之间的信任和沟通。第五,向中间商提供供销对路的优质体育旅游产品。第六,当中间商遇到困难时,企业或公司可以向中间商提供力所能及的支持和帮助。当其遇到资金困难时,允许其延期付款。第七,组织数个中间商进行推销的竞赛活动,对竞赛活动中表现得相对较好的中间商给予相应的物质和精神奖励。第八,向中间商提供技术和服务标准的援助,为中间商提供准确的市场信息和相关的信息服务,使中间商树立产品信心。

(5)评测成员。评价各个渠道的相关成员,以保证渠道成员能够得到较多收益。在评价相关渠道成员的过程中,将优质中间商甄别出来,对达到相应标准的中间商予以表彰和提升,对未达到标准的中间商进行适时的淘汰和剔除。根据测评的结果,对市场进行深入的分析和诊断,从而为采取相应的改良方略提供依据。

(二)市场渠道营销战略

体育旅游产品的销售渠道选择包含以下要素:市场地点的选择,中间商的选择，市场销售、网络构建、销售渠道的协调与管理等。体育旅游产品的销售渠道与其他类型的渠道相比，有自身的特点。体育旅游产品的生产与销售往往在同一地点，这就使得销售的所有权不会发生转移。体育旅游产品的销售路径除了能够帮助景区销售门票以外，还有其他的功能和价值。第一，对其他潜在的消费者进行探寻。第二，针对旅游产品的购买进行说服性的沟通。第三，针对消费者收集关于旅游产品的相关反馈。第四，针对价格和其他条件形成具体协议。第五，对旅游中的食宿与交通等任务进行合理的安排。第六，对渠道工作的部分风险进行分担。相对其他类型的旅游产品而言，体育旅游产品的销售渠道比较单一，而且渠道的长度相对较短，一般为直销、分销渠道，即旅游者直接从旅游地购买门票，或者租用相应的器材，或者是将门票交由各个旅行社代为销售，形成一级渠道。如果渠道宽度相对较宽，可以选择密集型的分销渠道，相应旅行社有更多的选择，从而方便更多的体育旅游消费者购买门票。

三、体育旅游产品促销策略分析

旅游推广是指为了更好地鼓励和吸引人进行购买，体育旅游企业采取的除了公共关系人员的推销和广告以外的其他经营活动，它是短期的促销方法，又被称为销售的促进。这种销售促进的形式有很多，主要包括赠送、抽奖、演示、推广、展览等基本方式。

（一）针对体育旅游消费者的营业推广方式

第一种是发放宣传册。通过宣传册的形式进行宣传，能够使消费者对体育旅游的综合信息进行了解。

第二种是有奖销售。在推广中，有奖销售是其中比较常见的方式，在消费者购买到相关产品后，企业给予消费者相对应的兑换券，在兑换券积攒到相当数量以后，可以进行相应的抽奖，也可以让消费者在购买到一定数量的体育旅游产品也可之后在现场进行抽奖活动。

第三种是赠品销售。所谓赠品销售指的是在消费者购买相应的精细化服务或者相关产品时，附赠相应的小物品，比如购物袋、纪念卡、小玩具等。在这些物品当中通常会附带一些体育旅游公司或者企业的具体介绍、口号、微信、二维码等。通过这种形式既能够达到一定的宣传效果，同时也可以刺激体育旅游爱好者的购买欲。

第四种是价格折扣。在体育旅游相关产品的促销策略中,价格采购是一种相对比较常用的手段,采用这种手段时,当消费者一次性购买相应产品的数量达到相关要求以后,就能够从价格方面获得相应的折扣。比如有些景区将景区的门票和体育旅游相关产品的门票进行绑定,如果能够同时购买几个项目的门票,就会有相应的折扣。除此之外,对于与公司、企业业务关系密切的长期顾客和团体旅游者,也可以在价格上面予以一定的折扣。

第五种是展销。在体育旅游产品的推广中,展销是重要的推销方式,往往是通过企业单独或者联合举办相应的展销会,来对相关的体育旅游产品进行重点和针对性的宣传,从而提高销售额。

第六种是服务促销。服务促销指的是根据整体的旅游战略和相关体育旅游产品的整体规划,对具体的体育旅游爱好者提供系统性的销售服务。

(二)针对旅游中间商的营业推广方式

第一种是经验指导。针对负责销售企业旅游产品的重点中间商,提供相应的人员技能培训和具体的业务指导,并向其提供核心体育旅游产品的全盘信息,以使其能够全盘掌握企业的核心产品优势和劣势,使其能够成为企业产品的代言人和销售战略的具体实施者。

第二种是同业优惠。中间商企业在进行业务旅行时,各个旅游企业可以提供免费旅游或者是优惠价旅游,以更好地激励这些中间商多多销售企业的核心体育旅游产品。

第三种是现金折扣。在现代市场经营活动中,企业或公司为了鼓励中间商进行现金支付或者提前付款,而给予一定比例的价格折扣,以激励中间商加快资金支付的速度。

第四种是批量折扣。它指的是针对销售体育旅游产品的中间商,当其批量批发体育旅游产品时,在数量上给予相应的折扣,数量越大,给予的折扣力度越大。

第五种是经销的竞赛。对于所有的经销商定期组织、开展相应的经销竞赛活动,对那些销售量大的经销商予以相应的物质和精神奖励,提升其不断前进和提升的动力。

第六种是绩效津贴。通过给予中间商相当数量的支持费用,促使其销售企业的核心体育旅游产品,以增大企业的市场份额,扩大市场占有率。

四、体育旅游企业公共关系分析

（一）新闻传播路径

体育经营组织的公关部门通过对直播带货、杂志、报纸、新闻等传播媒介予以充分运用，采用撰写新闻稿、召开新闻发布会、形成报告、利用"网红"直播等形式，将体育旅游企业及其核心体育旅游产品的相关信息向社会各界进行宣传，以营造对企业有利的社会舆论。通过上述媒体进行报道，有着相对比较高的可信度，并且在广告的花费上也相对较低。体育旅游经营者通过公共关系进行公关，可以把握公众和新闻界所关注的焦点和舆论导向，通过新闻传播或者直播等媒体手段，推广企业的核心体育旅游产品。同时，我们还可以采用一些相关的媒体报道的技巧，通过宣传引起大众关注点的集中，提高企业的社会知名度和产品的热度。当然制造看点并不是摒弃新闻的真实性，而是应该在基于事实的基础之上创造性地运用现代媒体手段，否则就有可能弄巧成拙，最终为企业增加负面报道和影响。

（二）公关宣传路径

公关宣传是对体育经营组织的形象进行合理宣传，促使体育经营组织提高自己的声誉，对社会公众的观念和意识进行培育，以更好地争取广大人民群众的信任和支持。就具体的经验来看，公益宣传是体育经营企业和公司运用得比较多的路径，这种路径对树立体育旅游企业的光辉形象具有积极的促进作用。在当今的自媒体时代，直播和微信以及微博公众账号的推广，成为企业用得比较顺手的公关宣传手段。通过自媒体的广泛宣传，企业和体育旅游爱好者之间能够形成良好的互动环境，提高人们的参与度和接受度，以使他们获得较为真实的感性认识，从内心深处接受具有挑战性和刺激性的体育旅游项目。在现代社会，直播、微信和微博等公众账号的推广的公关宣传手段已经被大部分企业所运用。很多企业开始把宣传放到了自媒体上，通过借助"网红"的自拍视频来宣传自己的企业和产品，这是现代社会媒介宣传的新特点。只有体育旅游企业真正从产品的质量出发，将其产品的文化和内在要素与现代的自媒体密切结合，才有可能发挥企业的优势，实现错位发展，并在攻关过程中以最小的代价获取最大的宣传效益，提升产品的推进度。

（三）社会性公益活动

社会性公益活动是重要的公共关系运用手段，在创造相应的社会效益时，也能够创造性地产生体育旅游企业的相关经济效益。目前，很多企业开始运用这一手段为企业的产品进行宣传。所谓社会公益活动，指的是通过对社会的教育事业、文化事业、体育事业、卫生事业等公益活动进行资助，来对社会慈善事业进行支持，并参与到目标市场的重大社会活动中来，组织开展相关的专题活动。很多企业通过这些活动来建立体育旅游经营企业的正面社会形象。这些公益性的慈善活动往往会产生比较大的社会影响，资助的企业往往能够获得社会的广泛好评。通过这种形式，体育旅游企业能够获得较好的社会知名度和声誉。社会公益活动往往能够使多方获利，这种活动受到越来越多的企业的推崇。根据以往经验可知，在举办类似的活动时，要注意对资金的使用进行公示，将资金使用的账务透明化，以获得大众的信任和支持。

五、体育旅游产品广告推广

广而告之是对广告的通俗性理解，即通过各种形式的媒介向公众传递企业的形象，通过推进企业体育旅游产品的相关广告业务与活动，能够加深人们对于相关产品的了解，改善人们对企业体育旅游产品的固有印象，从而使得广告主最终获得益处。在当下自媒体非常流行的状态下，自媒体和网络广告常见，人们在潜移默化中受到广告的广泛影响。与公共关系相比，广告的相关活动往往存在自身的特点。公共关系的运用是为了使别人对企业的体育旅游产品产生好感，从而使企业树立起相对良好的形象。信息的提供必须是真实、客观、准确的。广告的目的是激发广大体育旅游爱好者的购买欲，进一步扩大销售面，提升企业的市场占有率。公共关系的目标是整体性的，它的目标指向整体效益，有时往往是不可测量的，而广告活动往往是能够立竿见影的，起的作用往往是局部性的。

（一）针对产品的广告定位

在开展相应的广告活动时，我们应该根据体育旅游产品的基本特征进行准确的广告定位，在广告的宣传中应该突出体育旅游产品的核心诉求。通常我们采用的广告定位策略有以下几种形式：第一种是功效定位，广告中应该提出体育旅游产品的核心价值和功能,吸引相关的体育旅游爱好者参与其中。第二种是档次定位,在广告宣传中,应该指出企业的体育旅游产品属于体育旅游产品当中的哪一种类型。第三种是品质定位,广告中应该突出产品和服务的质量与水平,这也是比较常用的一种广告定位方法。第四是价格定位,当同类产品存在较多的竞争者时,我们可以通过廉价销售的策略来吸引较多的消费者。

(二)针对消费者的广告定位

针对体育旅游消费者的广告定位,主要是指在对相关的市场进行仔细甄别、选定目标市场的前提之下,相关的旅游企业根据旅游产品针对的目标消费群体进行的一系列的广告宣传。在设计和策划相关广告的过程中,为了使广告的效果得到保证,需要按照以下要求和原则进行权衡。广告的运用要符合核心消费者的需要,能引起注意,使人容易理解、产生联想、便于记忆,达到使旅游者产生购买欲望的基本要求。同时它也要体现出创造性、真实性、合法性、简约性、艺术性和针对性的基本原则。广告的最终目的是将相关的体育旅游信息通过传播媒介传播给潜在的体育旅游爱好者和消费者。在推广体育旅游的过程中,要对现代传播工具予以充分重视。在现代社会具有定制化趋向的大环境下和大数据技术的支持下,网络可根据大众的喜好来进行广告的设计,从而使得设计出来的广告具有更强的市场针对性。从受众的需求出发来设计广告,可以提升广告的宣传效果。在现代媒介的影响下,通过网络、电视、地铁、电梯、广告等多种媒介来宣传体育旅游产品是理性的选择。通过各种媒介的宣传,可以使消费者有深刻的印象,可为相关地域的消费者的购买行为的促进提供有力保障。

第三章
我国农业观光发展的理论基础

第三章　我国农业观光发展的理论基础

第一节　休闲产业与农业观光界定

一、休闲与休闲产业概念界定

（一）休闲的概念界定

"休闲"从字面意思看，主要是指处于放松状态，享受闲暇时光。这个词语强调在劳动之余进行调试，以求在后续工作中达到放松。它指的是振作精神或是恢复健康和放松状态，具有创造和更新意义。[①] 各学者从不同层次和角度对休闲的定义进行阐释，主要观点涵盖了心态、生活方式、制度、活动、时间等维度。从时间角度对休闲进行定义，指的是人们在劳动或从事其他活动时处于相对疲劳的状态，在疲劳之余进行放松，并拥有自由时间。此类鉴定将休闲视为时间的利用方略，并对时间的自由度和不同群体对待时间的态度加以区分。具有代表性的是世界旅游组织对消遣的界定，其将消遣时间视为基本生活与工作之外，完全由个体支配的闲暇时间段。相对具有代表性的观点还有马克思的言论。

马克思和恩格斯将休闲定义为休息与娱乐的休闲时间，以及在精神上完全享有自由的时间段。他们将休闲与社会进步以及个人的全面发展紧密联系，将休闲视为社会文明程度的重要考量，以及人类对生存价值追求的重要维度。[②] 从活动角度对休闲进行定义，休闲指的是个人在可以自由支配的活动时间里，在日常事务之余进行个人喜好的活动，它是个体对可自由支配时间的优化运用，也是对自由活动时间的有效和充分利用。有学者认为是休闲时间和自由活动的有效结合形成了休闲活动。也有学者认为，休闲是在一定的时间跨度范围内，依托一定的消遣活动而产生的体验行为。还有人将休闲

[①] 孙天庆.经济视野中的休闲与休闲产业培育[J].烟台大学学报（哲学社会科学版），2003，16（4）：58—63.

[②] 卓明川，张晓英.国际经济秩序重构与我国运动休闲产业布局研究[J].广州体育学院学报，2021，41（4）：3—9.

与自由相关联，认为休闲是以欣然之态做自己喜欢的事情的过程，休闲活动是人们自我完善和不断推进自我身心健康的过程和活动。休闲心理学家从存在状态以及心态的角度对休闲进行定义，他们认为休闲体现着个体自由意志的表达以及自我自由情感的宣泄，它是驾驭自我内在力量与灵魂自由度的一种超自然的体验与思想的表达状态。[1]如果我们从生活方式的角度理解休闲，它是自我存在与价值实现的整个过程。有休闲研究专家在总结西方学者对休闲的众多阐释的基础之上，指出休闲是从外在压力当中释放出来的一种相对自由的生活状态，它主要是遵循个体内心的喜好，以自身感到有价值、有意义的方式进行生活。其认为广义的休闲是指人们以自身的生活态度和方式，自愿、愉快地去做自己喜欢做的工作或事务。从制度的角度来看，休闲的本质与社会制度和价值观念存在联系。休闲与劳动作为人类两种基本的生活存在方式，在制度上的关系是相互依存、不可分割的。劳动与休闲两种方式相辅相成，相互依托，劳动为休闲创造了基本条件，休闲是对劳动创造的价值和成果的享用。

（二）学科的交叉研究

休闲是相对复杂的社会心理和经济现象。各个学科领域的专家和学者都尝试采用本学科的理论和思维方式去解释此类现象，并从不同的角度对休闲进行卓有成效的分析和探讨。从哲学的角度而言，休闲主要是促进人的全面发展，从而开发人的创造力和活力。有学者认为休闲能够促使个体保持相对平和的心态。有人提倡改变休闲的意识状态，促使人们以愉悦和轻松的心态来享受休闲的时光，以追求人生的价值和意义。我国学者认为休闲是一种人生哲学与境界的彰显，它具有主体性、体验性和日常性的基本特点。从休闲社会学的角度来进行分析可以发现，我们可以从历史和社会经济学角度对有产阶级的休闲进行探讨，有闲阶级和所有权制度是社会结构当中普遍存在的客观事实，当代社会学对闲暇时间和休闲时间的利用问题进行了探讨。比如有学者对各个阶层的闲暇进行分析，他们认为闲暇行为对家庭、工作、社会、生活等各个方面都产生了巨大的影响。休闲的经济理论分析主要立足于分析休闲的需求维度，即闲暇时间在利用方面的不同角度。有学者认为休闲

---

[1] 曹海妃. 美丽乡村背景下浙江省休闲体育产业与乡村文化旅游融合发展模式研究[J]. 西部旅游，2020, 36（11）：7—11.

和劳动之间存在着紧密的联系，消费者会在休闲和劳动之间保持相对的平衡。有学者指出，工作与休息的对立选择，本质上是劳动者以效用最大化为原则选择不同的工作模式。随着西方国家休闲产业的迅速扩展，应用经济领域的休闲研究快速发展，经济学家将更多的精力投向了休闲产业与休闲经济，休闲经济由休闲消费需求和产品供给形式共同构成，表现为消费主体在休闲时间进行消费活动以及产品经营者提供休闲产品的整个过程。从人们心理需求的角度进行分析，可对人们的休闲方式和活动进行划分。休闲方式包括休闲活动时间、内容、频次、花费、目的、场所等一系列与休闲活动密切相关的要素。[①]有人根据休闲活动的特点，将休闲方式分为怡情类、健身类、观光类、活动类、教育类、消遣类等。在总结国内外学者关于休闲的观点后，我们可把休闲的定义阐释为人们在可支配的时间内进行喜好性活动，从而达到放松身心、愉悦自我的目的。它是获取人的生理和心理效用最大化的生活方式和调节方式。休闲是体验、活动、时间三者的密切结合体，三者同时存在，缺一不可。休闲活动本身具有两个基本特点：一是休闲没有任何强制性，休闲是令人开心和快乐的事情。二是休闲活动不受社会目标的驱动，其主体的行为是发自本心、本能的追求和喜欢。

（三）休闲产业的本质内涵

从产业供给的角度来看，休闲产业指的是与人们的休闲方式、休闲动机、休闲需求、休闲行为紧密联系的产业业态。休闲产业是以文化、体育旅游服务产业为核心的产业系统，它存在于国民经济的三大产业之中，据此可以分为休闲的第一产业，它包括渔业、牧业、农业和林业。休闲的第二产业，它包括休闲建筑业和休闲加工业。休闲的第三产业，它包括文化、体育、美容、旅游、餐饮、娱乐和其他休闲服务业。休闲产业可以理解为既能满足人们的休闲需求，又能提供休闲产品及服务的所有业态形式的总和。其中农业观光是休闲产业系统当中的重要元素。

二、农业与农业观光概念的界定

传统意义上的农业指的是结合动植物的基本生长规律，通过养殖的方法

[①] 吴香芝，王明伟.我国健身休闲产业政策执行效果分析与研究[J].社会科学前沿，2022，11（4）：17.

获取农产品的部门。狭义的农业是指农作物的种植产业。广义的农业除了种植业以外，还包括渔业、牧业、林业等。农业发展史一般可分为传统农业、原始农业以及现代农业三个基本的时间段。原始农业是从旧石器时代晚期新石器时代初期的驯养动物和种植谷物的阶段开始算起的。传统农业是使用人力、动物的力量、水力、风力以及自然肥料，通过直接的生产经验和体力活动来获取生活资料的过程。20 世纪初，农业开始采用机械、农药、化肥和灌溉技术，依靠工业部门提供大量的物质和能源开展现代农业。现代化的农业形式实际上是通过引进新的生产要素以及现代化的农业制度，采用现代的高科技手段和现代化的经营理念来经营，实现农业生产生态化、市场化、集约化、高科技化和可持续发展的业态。截至目前，我国已经由传统的农业业态向现代化的农业业态加速转变，农业观光作为融生活性、生态性和生产性为一体的现代化农业，是现代农业系统的重要组成。[1]农业观光是集合了农业和观光两个词的组合，农业观光蕴含的丰富资源与功能，为旅游业的快速发展提供了宝贵的资源。可以将农业观光定义为利用农村的设备以及空间、农业的生产场地、农业经营活动、农业产品、自然生态、农业自然环境、农村人文资源等，经过计划设计和实施，以发挥农业和农村休闲旅游的价值，增进旅游爱好者对农村和农业的体验，提升旅游产品品质，并提高农民的收益，促进乡村振兴和新兴农产品的生产与销售。随着乡村振兴战略的提出，我国很多学者对农业观光进行了研究，就目前情况而言，农业观光有很多提法，比如体验农业旅游、生态农业、观光农业、生态农业旅游、乡村旅游、都市农业、田园农业，等等。农业观光与这些相关的概念，在内涵与外延等方面都有重叠的地方。为了深刻地理解休闲农业以及农业观光的内涵与特征，需要对农业观光的相关概念进行对比与探索。

（一）观光农业与农业观光辨析

传统意义上的农业指的是采用农耕工具进行灌溉、除草、播种、耕种和获取农产品的业态。观光农业主要是以游览为主要目的，在充分开发农业资源和农业产品观光价值的前提之下，将现代新型农业与其他类型的旅游景点密切结合。观光农业一般分布在风景区或者旅游热点路线上。比如在著名的旅游景点周围，发展观赏植物、人工草地、风景林。在旅游的路线之上，开

---

[1] 鲍春裕.生态农业旅游与农业经济发展研究[J].核农学报，2020，34（9）：31—35.

放具有特色的茶园、菜园、果园、花园、渔场、牧场等，供游客进行品尝、观赏、游览和娱乐，让游客真正欣赏到接地气的自然景观，让他们愉悦身心，开阔视野，获得身心放松。实际上观光农业与农业观光都是农业与旅游业结合的产业类型。从观光和休闲所体现的基本内涵来看，观光不仅是对事物的欣赏，也是休闲的形式之一，而休闲的内涵则更为丰富多彩，体现出一种多姿多彩的生活方式与活动形式。在产业发展的初级阶段，旅游产品都以观光为主，随着产业的日渐成熟化，产品形式也会趋于多维形式。

（二）农业旅游与农业观光辨析

国家文化和旅游部颁发的全国工农业旅游示范点检查标准中指出，农业旅游是以农村特色资源作为基本依托，以农业生产、农村风貌、农民生活为旅游的吸引点，集娱乐、休闲、文化观光、科研、度假、休闲等价值于一身的休闲活动。农业观光与农业旅游的基本区别在于：一是地域范围的区别。农业观光并不局限于农村地域，也包括城市周边或者市郊范围内开展的农业旅游活动。二是发展阶段的区别。农业观光是在城市化背景之下逐渐兴起的旅游新型业态，是农业旅游发展到一定程度以后出现的新型产物。三是产业视角的不同。农业观光更加强调以农业为主，是农业产业功能拓展之下现代农业的构成要件，而农业旅游以旅游为主，是以农业农村资源为基础的旅游活动，它是旅游产业的横向延伸。

（三）生态农业、生态农业旅游与农业观光辨析

生态农业是在遵循经济学和生态学规律的前提下，应用现代科技集约化经营，致力于改善农业生态环境，保护农业的生产业态的产业。生态农业是集合生态系统与经济系统的产业，它更加关注农业生产的生态效益以及随之产生的经济效益。生态农业旅游是将美学原理、经济学原理和生态学原理应用于传统的农业生产形态，并利用现代科技在农产品和农业生产中的融合，实现科技示范、农艺观光和休闲度假的功能，以此实现生态、社会、经济三大效益相协调的统一体。生态农业属于农业的基本范畴，可以作为农业观光旅游的客体形式。生态农业旅游的概念既可以看作生态农业业态发展，也可以看作农业观光旅游的形式。生态农业旅游和农业休闲都是以追求社会经济、生态效益为基本目标，生态农业旅游的特色性与专业性更为明显，我们可以将它视为农业观光的一种深度开发的类型。

(四)生态旅游与农业观光辨析

根据国际生态旅游协会的基本定义，生态旅游是以保护自然环境为基本理念，以生态环境与社会人口可持续发展为基本发展理念，是旅游行业可持续发展的基本形式。生态旅游强调旅游者在开展活动中不干扰当地的自然地域、保护环境、降低旅游负面影响，并为当地人提供有益的社会与经济业态。农业观光和生态旅游在旅游活动的生态效益方面有着相同的诉求点，它们都追求旅游的可持续发展途径。生态旅游在一定自然地域内进行的负责任的旅游形式，目的是推动旅游目的地的环境保护。地域范围并没有城市与乡村的差别，都是依托农业与农村生产、生活、生态资源开展生态旅游，可以认为它是农业观光的基本范畴。农业观光本质上追求的是生态、社会、经济效益的协调、均衡发展。休闲农业本身也是一种生态旅游形式。

(五)乡村旅游与农业观光辨析

世界旅游组织将乡村旅游确定为在偏远的农村地区以及传统的乡村及其周边的区域开展的旅游活动形式。由此可见，我们可以将乡村旅游阐释为以农村地域的风土、风俗风景、风物组合而成的乡村风情为基本的吸引点，开展的休闲体验、观光疗养、考察、娱乐、度假、购物等旅游形式。以农家乐为例进行分析，它是以别有情趣的田园风光和农家生活为基本的依托，以农户为经营的主体，以城市的乡土风情爱好者为基本的客源市场，以满足旅游爱好者回归自然、休闲、娱乐的需求为基本理念的旅游形式。农家乐一般规模不大，老板以当地的农民为主，自负盈亏，成本相对较低。他们注重的是乡村气息，乡土人情、乡土文化、接地气的自然风光是乡村旅游最具代表的旅游形式。乡村旅游与农业观光在内涵上有重合的地方，两者主要的区别在于某旅游目的地与吸引物的选择不相同。第一，乡村旅游的目的地通常是远离城市的传统农村区域，它强调的是旅游空间的乡土性和自然景观，更加集中于大城市近郊与远郊的区域，其基本的布局多位于以城市为中心的辐射范围。第二，乡村旅游吸引物主要是乡土风情，包括特有的地方景物、乡村民俗、地理环境、乡村聚居景观及可供观赏的乡村风光，满足乡村旅游爱好者文化、娱乐、观光、度假等心理需求。农业观光吸引物包括农业的生产过程、农民的生活场景、农业的生产模式以及生态景观等，它具备了生态保护、教育示范、休闲度假、观光体验等多维功能。总而言之，乡村旅游的内涵与外延比农业观光更广泛。

（六）都市农业与农业观光辨析

都市农业是适应现代化都市生存和发展需求的新型业态，它是指在大城市周边的城市化地区，紧密依托并服务于都市人群，充分利用高科技成果及生产设备进行生产，融生态性、生活性、生产性为一体，与高效、高质和可持续发展相结合的高科技农业、都市农业与农业观光交叉和重合的业态。在布局上，都市农业主要位于城市内部以及近郊区域，农业观光除了大中城市的郊区之外，还包括离城市相对较远，农业和农村资源相对比较丰富的特色农业区域。在经营内容上，都市农业是现代都市构建的基本组成部分，它与城市社会功能、结构功能、生态系统有着紧密的联系。它强调农业现代化和多功能性，包括生态农业生产基地等多维层次。总而言之，都市农业丰富多彩，而农业观光的地域范围相对更广泛，位于城市近郊的农业观光被视为都市农业的经营区域和内容。经过以上的具体分析，我们可以得出几者之间的关系。首先从发展阶段上来分析，农业旅游与观光农业可分别看作农业观光发展的初级和中级发展阶段。观光农业是农业旅游当中侧重游览和观光的部分，是以农事观光为主体的农业旅游形式。农业旅游是农业观光中更加注重农业生产关系的部分，它是以农事体验为基本的业态，而休闲农业的内容更加丰富多彩。其次从内容的范畴来看，生态农业旅游是农业观光的组成要素，农业观光则是生态旅游的基本实现形态。最后从地域范围来看，乡村旅游强调旅游目的地的乡土气息，多指远离城市的农村地区。都市农业开展的区位大都位于城市的内部以及近郊，而农业观光的分布区域涵盖了都市近郊以及城乡接合区，也包括远郊和具有特色的乡村。农业观光集中体现了其各类概念阐释的核心内容，用农业观光这一概念来对"以农村与农业资源为基础，开展的休闲业态"进行定义比较精准。由此可见，我们可以将农业观光的概念界定为旅游业与现代农业相结合的交叉业态，它是农业生活、生产、生态功能的彰显和拓展。它是利用农业生产的经营以及自然环境、农民生活的相关资源，开展多种形式的休闲型项目，吸引消费者前来购物、品尝、观赏、劳作、休闲度假的一种新型的生产经营业态。

农业观光作为旅游和农业的结合产业，除了具有农业的生产性、地域性、季节性等基本特征之外，还具有第三产业的服务元素。农业观光的内涵特点还表现在以下方面：第一，农业观光的地理范围相对比较广泛，它不仅局限于城市郊区和城乡接合区域，还可以辐射到大农业、大农村的区域。第二，农业观光的自然属性。农业观光持有原来的生产特殊性，它可以结合农业的自然资源以及农村的人文资源进行项目的设计、经营。第三，农业观光强调社会、经济和生产效益的协调统一，它是实现高效农业、生态农业和可持续农业的有效路径。第四，农业观光产业关联行业非常广泛，它涉及多领域、多学科，并与人才、资本、技术、信息市场相互关联，而且是相对复杂的产业系统。

三、农业观光资源本质内涵

资源指的是在任何时间都可以取用的任何物质或非物质的事物。从广义的角度来看，资源包括经济、社会、人力、自然等各种因素。从狭义的角度来看，资源指的是自然资源，农业资源是人们从事农业活动所能利用的资源要素，包括农业自然资源和农业社会资源。农业自然资源是农业生产中可利用的水土、大气、生物等自然要素。农业社会资源指的是与社会、经济、文化相关联的各种资源要素，包括民俗风情、农业科技、农业劳动等形式。有人认为广义的农业资源还应该包括投入农业经营的劳动力、技术、资源等要素。休闲资源是对旅游爱好者构成吸引力的各种人文、社会、自然等元素。可以将休闲农业资源阐释为能够对人们产生吸引并满足人们身心需求的农业生产、民俗风情、农民生活、生产环境、农业吸引物，它是吸引有钱有闲人士进行旅游和放松的自然要素和社会要素。农业观光资源是由气候、水文、地貌、地形、动植物以及当地居民等要素相互联系、相互影响所构成的综合体。首先，气候、水文、土壤等自然要素是形成农业观光资源的内部结构要素。其次，除基础构成要件之外，农村、农业在长期的发展过程中形成的生活、生产和生态环境等非物质要素，成为观光资源的组成要素。观光资源区别于传统旅游资源的特性主要体现在：第一，生产性与休闲性。农业观光是在农业生产的基础上发展起来的，农业观光资源包括可供人们进行加工和使用的农产品，又涵盖人们进行娱乐和休闲的农业元素。第二，季节性。农产品的生长发育与季节有着密切的关系，它的季节性表现得非常明显，乡村自然环境、社会生活和农业生产也具有周期性、季节性变化。第三，地域性。一是自然环境要素，比如不同地区的地势、地形、纬度、气候、水文、土壤等自然元素不同，再加上生产条件、社会环境、作物种类以及生产工艺的差别，导致农业分布具有地域差别，热带农业、亚热带农业、温带农业具有明显的差别。二是由宗教、政治、文化、民族、经济、人口、历史等要素造成的环境差异，又会形成不同的乡村民俗文化。比如节日庆典、礼仪、信仰、福祉的差别。第四，生态性。休闲农业资源是以整个生态系统为基本背景，动植物的生长繁殖以及人们的生产生活都与生态环境有着密不可分的联系。第五，可持续性。农业观光自然资源的可再生性，农业社会资源的可继承性，决定了其开发利用具有相对的可持续性的特征。

四、农业观光产业化概念界定

产业化的基本内涵表现在以下方面：第一是商业化。生产者通过市场的传递、分配、评价、选择，为消费者提供服务以及相关的产品，而需求者通过商业的业态在市场中获得自身需求的服务和产品类型。第二是分工的细化。通过专业化的分工形式，可以提高市场的整体效率和经济效益，满足市场的多样化需求。第三是规模化生产。形成一定规模的市场容量以及相对较高的市场需求密度，可以建立相应的行业管理的标准，降低市场交易的整体成本。第四是过程化。产业化的形成是市场需求和市场供给共同推动的过程，同时需要行业管理者和政府部门提供持续的运行环境和良好的经营业态。农业观光的产业范畴包含农业和旅游业的相关方面。我们应该从农业和旅游业的多维层面来探索农业观光的产业化进程。

首先，旅游产业化是指以产业为基础，带动相关产业联动，促进旅游业的市场化、集约化和规模化，逐步构建旅游产业化和集群化的过程。其次，农业产业化是以农户为基础，以农业的重要企业为主导，以市场的核心需求为基本导向，以农业经济的发展为主导，并按照集供销、种养、加工、贸易、科教于一身的经营原则，将农业生产经营的各个环节拼接成的统一整体。农业产业化的经营本质是在市场经济的基本机制下，实现农产品的加工、生产、销售一体化，促进农业生产新型业态形式的专业化、布局的区域化、服务的精细化。

依据旅游产业化与农业产业发展的基本特点，我们可以将农业观光产业化阐释为：它是以城市客源为基本导向，以资源的开发和利用为基础，以经济效益的实现为一切行动的核心，以休闲、娱乐、旅游为内容，以农业观光核心产业为龙头，通过专业化、一体化、集约化的经营方式与相关产业联动推进，从而扩大经营规模，延伸农业产业链条，形成农业观光产业化、集群化的推进过程。由此可见，农业观光的产业化具有经营的集约化、企业的规模化、产业的市场化、经营的一体化、服务的精细化等基本特点。农业观光

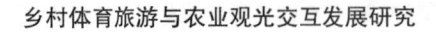

产业化的特点主要体现在以下几个方面：第一，市场化是农业观光产业化的前提和基本的运行模式；第二，规模化与集约化是农业观光产业化程度的具体彰显；第三，一体化与现代化是农业观光产业化发展水平的具体指标；第四，集群化是农业观光产业化的趋势与竞争的优势要素。

第二节 农业观光的产业元素内涵

一、农业观光的基本特点

（一）参与体验性较强

农业观光为农业旅游爱好者达成了休闲、观光等多项需求的满足。旅游者可以亲身参与到各种农业观光项目中，通过品尝农产品或者直接参与农业生产和生活的各种活动过程，通过学习、劳作来亲身体验具体的民俗风情、乡土人情以及农业生产操作，体验到农业生产的乐趣和农村生活的情趣，感受到原汁原味的乡土文化气息。

（二）投资收益性较高

农业观光的投入相对比较少，但是收益较高，而且具有"船小好掉头"的优势。农民所采用的场所往往是自家的房屋，不用出租金，而且运用的场所大多是田间地头，因此他们的生产投入相对较少。农业观光项目可以就地取材和分期开发，项目的启动资金和建设费用相对比较少，而且建设的周期不长，经济效益相对比较明显。此外，农业观光对资金投入的要求相对比较低，可以通过政府的带动，在短时间里建立起来。区域聚集的成本以及时间的花费要远远低于其他业态形式，因此，它在实现规模化和效益化上有较大的优势。

（三）生活性、生产性、生态性相互融合

从大农业的理念出发，农业观光是具有生活性、生产性、生态性特征的多功能性产业业态。农业的一级产业是农业内部横向农产品生产形式；农业的二级产业是农产品的深加工产业；农业的三级产业是与农业生产和加工

紧密联系的运输、餐饮、销售、住宿、农耕体验等精细化服务产业。生产性是农业观光的基本特点，它是衍生出来的其他基本功能的基础构成要件。生活性是农业观光的基本特点，它是其社会功能的彰显，可为城市居民提供观光、休闲、旅游、教育和疗养等多种服务。生态性是休闲农业功能集中体现的形式。农业观光的基本特征体现在农业观光是多种业态的综合体，农业观光是一级、二级、三级产业不断融合和交互发展的业态形式，是农业功能多元化发展的基本形式。

（四）区域存在显著差异性

农业观光的区域差异主要表现在不同区域的土壤、气候、水文、热量、光照等基础要素之间的差异，导致农业生产曲线不同，区域具有较大的差异性。因此不同地区的农业生产习俗与土地利用方式具有较大的差异性，并由此形成了不同区域的田园风光和民俗民风。农业观光的各种形式，也是融合了生产、生活、生态多元要素的综合体。

（五）产业集聚性较强

农业观光的集聚性表现在多个方面：一是企业集聚不同类型、功能、风格的产品，以及提供不同的农业观光服务，在特定区域可以形成产业的集聚性，从而提升农业观光市场效应和品牌效应。二是客流的集聚性，农业观光带动并依托当地的旅游业和相关产业进行联动发展，可以降低交易和组织成本，吸引大量的客流集聚。三是交通集聚，农业观光对区位交通因素提出了较高的要求，交通的便利度直接决定了客流量水平与游客的满意程度，因此农业观光的发展必然促使地区交通的进一步集聚。四是环境集聚，农业观光往往在自然环境优美的地方进行集聚并不断发展。

（六）循环经济性明显

农业观光通过休闲旅游与农业生产的互联互通，实现能量物质和资金的循环应用。它将农业资源的利用统一于农业生产和消费的全程，实现休闲旅游与农业的互促互进，将生产和休闲过程中产生的废物用于土壤的培肥或其他种植业，使能源得到循环利用，并形成良好的生态系统。通过这种形式可以实现生态的平衡、降低环境的污染、提高经营的效益。

（七）文化传承性高

休闲文化与农业观光紧密联系，密不可分。我国广大农村地区的传统农业生产风俗、民俗风情、农村文化完整地保存了中国传统文化的精华部分。农业观光在挖掘农村传统文化资源要素的基础之上，能够传承与延续农村地区独具特色的农村、农业、农民的生产经营方式和乡土文化。农业观光的发展具有明显的农业、农民、农村的文化风情、乡土特色。

二、农业观光的功能

农业观光是融复合的可持续发展产业为一体的旅游形式。农业观光将农业单一的农产品生产与供给向生态涵养、文化传承、观光休闲、就业增收等方面进行拓展，它表现出来的是多功能性的拓展与推进。

（一）生态平衡功能

农业观光的发展贯穿了生态思维。首先，农业观光的开展有利于保护农村的自然生态，它注重农村生态环境品质的提升与生态系统的良性循环，同时它也有利于提升城市休闲的整体质量，为城市白领和经营群体创造更广阔的生活空间和休闲度假空间，发挥生态融合功能。其次，农业观光还可以通过宣传以及农业生产模式的学习与体验，提高乡村旅游爱好者对环境保护与生态保护的重要性的认知，促进生态环境保护。

（二）文化功能

农业观光在发展过程中注重农村特有的民俗文化、乡村文化以及乡村传统农业文化的利用与保护。它的目的在于为乡村旅游爱好者提供农村文化元素的同时，也有利于构建农村特有的民俗风貌，以及农业文化和农村传统技艺的发展、延续和传承。休闲农业的开展有利于进一步提升农村文化品位，创造出具有乡土风情和特殊风格的乡土文化，形成新的文明乡风、人情味和文化特质。

（三）社会功能

农业观光的社会功能表现在多个方面：第一，它可以促进城乡发展的一体化。农业观光通常是以农业的资源要素为基本依托，以广大的农村发展区域为空间，以农民的切身利益的提升为发展的基本理念，以城镇居民的乡土体验为基本的客源市场，根据城镇客源地的旅游爱好者的需求进行产业布局的调整，拓展产业链范围，开发多种形式的产品。与此同时，城市的高科技发展又可以促进和反哺农业现代化发展，使得城乡互为资源、互为环境、互为市场、互为需求，并形成相互依存、相互制约、相互促进的整体化发展格局。此外，农业观光的发展有利于城市文明向农村地区进一步推进，有利于促进农村的文明进步和经济利益的提升，提升农村生活的基本品质，改善农村的整体经营状态，加快缩小城乡差距，进一步促进乡村振兴，使我国的经济结构更加稳固，并使我国农村经济整体经营状态呈现出强烈的抗风险能力。第二，示范辐射功能。农业观光具有非常明显的辐射推广和示范价值。发展农业观光有利于扩大农村农业的社会影响，提升老百姓对农业和农村的认知水平，增强社会和政府各界对"三农"问题的关注度，从而带动农业和农村相关产业不断向前迈进。第三，保护城市资源。农业观光的发展能够有效提升城郊土地的利用率与收益状态，对于城市的长远发展和城郊地区的可持续发展具有重要的调节价值。

（四）旅游功能

农业观光旅游通过将自然环境与乡土人情的要素进一步紧密结合，形成独特的环境和景观，可供旅游爱好者体验和参观。农业观光旅游依托优美的农村环境、绿色的空间、丰富的乡土旅游元素，为游客提供休闲娱乐、观光度假、康体、购物、健身等各种精细化的服务和活动的具体场所。乡土旅游爱好者可以缓解紧张的工作与生活的压力，做到一张一弛，有利于身心健康，为下一步的工作奠定良好的基础，同时也可以陶冶情操，培养对大自然的热爱，最后达到返璞归真的目的。此外，农业观光的旅游目的地往往远离城市的喧嚣，生态环境受人类活动的影响相对较小。人们可以通过森林浴、日光浴、食疗、爬山等疗养方式，实现康体养生的目的。

（五）科普教育功能

农村具有丰富的民俗古迹、乡土文物等农业观光的资源要素。这些可为旅游者提供一个融科学性、知识性、趣味性为一体的农业生态科教园，这对广大的乡土旅游爱好者具有良好的科普和教育作用。此外，游客通过体验与参观，还可以了解农业文化，学习农业知识，认识动植物的成长过程，体验农村文化，参与农业的生产过程，通过了解现代科技在农业生产中的应用，体会到农业生产的乐趣。这一切的体验可为旅游爱好者体验生活从而热爱生活奠定良好的基础，也为其在工作和生活中学习自然科学知识和农业生产知识提供丰富的感性体验。

三、农业观光的意义

（一）提高附加值，增加农民收入

农业观光将流通、生产、消费环节紧密融合，是提高人民收入的良好途径，也是农村经济增长的重要方式。农业观光将农民的生活资料、生产资料转化为经营性资产，具有风险小、投资少、门槛相对较低、生产经营比较容易掉头的基本优势，它是一种附加值很高，并且具有长足的发展空间的绿色产业。农业观光产业通过为旅游者提供一系列服务开展工作。这种模式扩大了农业生产的经营范围和区域，推动了农村第二、第三产业的发展，增加了农业经营的附加值和经济效益，为农民增加收入增加了新的渠道，拓宽了农民的就业路径。[1]

（二）优化农村产业结构

农业观光促使农业弱势产业向高效、优质、高产、可持续发展的优势产业转变，将传统农业从第一产业延伸到第三产业的业态，突破了传统农业掠夺式的生产经营业态。农业产生的效益由单一的农产品经济效益向综合性的生态旅游服务效益转变。通过农业资源的充分利用与挖掘来吸引农业旅游爱好者，从而带动旅游农产品加工、餐饮业、交通运输业以及人文创意等相关产业的发展。产品结构由初级产品向深加工产品不断转化，产业链由基本的生产经营向流通、消费环节不断推进，产业体系不断发展和拓宽，从而带动整个农村地区农业现代化产业水平的提升和产业结构的调整与改良。

（三）转移农村剩余劳动力

农业观光作为劳动密集型产业，往往具有就业吸引力强和投资成本相对较低的优势，为安置农村闲散劳动力资源提供了良好的就业途径。农业观光也直接带动了农村的餐饮、住宿、娱乐、交通等产业的进一步发展。各种旅

---

[1] 赵荣泽. 生态农业观光园规划设计与应用研究：以"安徽省宣城生态农业观光示范园"为例 [D]. 合肥：安徽农业大学，2018.

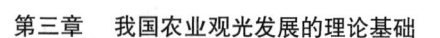

游配套服务功能的完善，需要大量的服务人员、管理人员和导游人员，从而可以吸纳大量的农村剩余劳动力参与到这个产业中来，有利于解决农村剩余劳动力的就业难题。

（四）提高农村劳动者素质

农业观光的发展吸引了大批具有经营管理能力的人才投入这个区域当中。通过高素质人才和旅游者的宣传、传播、带动，以及专业素质教育培训体系的完善，可以不断提升劳动者的综合素质，造就具有知识素养和多维技能的新型农民。农业观光旅游活动的开展，可以促进资金流、物流、人流的融合，给旅游开发带来全新的思维方式和途径，逐步改变农村落后的思想意识，更新农民的市场观念和服务意识，提高农民从业者的整体素质，从而提高农村的社会文明程度，加快社会主义新农村建设的步伐，促进我国乡村振兴的全面胜利。

（五）加快农业产业化进程

农业观光可以促使传统生产要素与现代高科技和文化要素相融合，实现劳动力、土地、资本、知识、技术以及现代服务体系的进一步融合。这使得它的产业属性中第三产业特征彰显。通过产业交互可推动农业产业化的不断发展。与此同时，现代高新技术的应用以及休闲服务体系的引入，可以不断推进农业生产、金融管理、产品服务以及市场化运作的发展，进而为农业产业化推进提供新的发展模式。

（六）实现产业可持续发展

农业观光以生态农业经营原则为基本理念，运用生态经济学的基本原理，通过推广立体化的种植技术，集约化地利用各种农业生产资源，实现农业资源的不断增值与农业生态系统的稳定，推动农业观光的不断发展。农业观光的开展突破了传统农业的自然增长型发展业态，在实现农业高收益、高产出的同时，有效地保护了农村的生产生活环境，保证了农业经济增长的可持续性和高收益性。除此之外，大力发展融生态旅游、农业生产、休闲度假、参与和体验为一体的农业观光，也有利于旅游消费的转型和升级，培育出新兴的农村产业业态，促进农村旅游发展。

四、农业观光整体发展趋势

由于在政策引导、资源优势、市场需求、人文环境、企业的整体运营状态方面存在着较大的不同,各地区农业观光的发展重点布局和发展类型各有千秋,但各地区的农业观光产业规模不断扩大、产业效益不断提升、产业类型不断丰富,农业观光已从最开始的萌芽状态走向初级阶段并逐步走向产业化和规范化的发展阶段。我国农业观光的产业化的必要性体现在多维层面。

(一)农业观光的规模经济性

农业观光是融销售、生产、生活、娱乐、休闲、度假、科技、教育、生态、环保为一体的业态形式,它是现代农业向多功能化农业迈进的模式。农业观光的产业特点决定了农业观光必须实现一定的规模,只有在较大规模的经济和范围的基础之上,才能够有效地实现农业观光的具体功能,进而实现良好的生态、社会与经济收益。第一,规模经济效应是指公司通过增加生产的产品的数量,提升产品与服务的质量,实现单位产品和服务成本的相对减少。拓展经济效应则是指通过生产的产品和服务种类类型的推进,实现生产成本的降低。农业观光产业发展的规模经济性和拓展经济性,主要体现在农业观光项目建设突破了传统农业形式,形成了第一、第二、第三产业的融合。它的建设将观光旅游、生产种植、生态餐饮、休闲度假、科技示范融为一体,吸引具有一定资金实力的农业观光龙头企业,从而带动相关产业的发展,形成一定的规模效应,使农业观光产品与服务的供给精细化,实现了经营内容的多姿多彩以及产品供给的多样化,刺激了潜在的市场需求,保证了农业观光经营成本的降低和高质量产品的输出。第二,随着现代农业观光投资模式的变化,农民的组织化程度不断提升,农户分散经营的小农经济模式得到了不断的改良和调整。农业观光企业将分散的农户联合起来形成联盟村,实现了土地的集中化经营和资源的优化。此外,农业观光生产方式的集中化、专业化和高科技化以及先进理念的运用都有助于农业观光产生较大的经济效益和产业规模效益,实现生态、生活和生产效益的丰收。[1]

---

[1] 吕晶,史亚军.探析生态农业观光园的规划设计:以云南大理洱源县西湖生态农业观光园为例[J].农学学报,2014,4(11):78—83.

（二）农业观光的结构调整

农业观光是将农业和旅游业相结合的产业，对调整农村的产业业态、延伸产业链条、转变农业的生产方式、推动传统农业向现代农业进行转变，具有积极的促进作用。首先，农业观光对吸纳农村剩余劳动力就业、调整城乡人口结构性矛盾具有非常重要的意义。它对城市化进程中形成的城市住房、就业、交通和环境恶化，以及农村人口减少、经济萧条、劳动力不足、人口老龄化等现象具有积极的调节作用。它对农村剩余劳动力就业和农村人口转移具有良好的促进作用。与此同时，农村剩余劳动力向农村服务业等非农产业的转移，也将为降低人工成本，促进农业生产方式向集约化与产业化的方向迈进提供了便利条件。其次，农业观光打破了第一、第二、第三产业的间隙，这对于引进观光龙头企业，综合开发农业观光相关资源，带动相关产业的集聚性发展，形成一体化的经营体系有利。这可提高农村第二、第三产业的比例，加快农业效益迈进的步伐，实现农业产业结构效益的不断改良与提升，全面提升乡村振兴的发展质量，推进农村经济的复苏。最后，发展农业观光可充分整合社会与农村自然经济，合理利用农业生产的相关资源要素，增加农业转化的可能性。它可将农业和农村生产、生态、生活资源转化为产业经营的资本优势，促进农村产业结构的改良和拓展。

（三）农业观光的产业集聚效应

农业观光的产业集聚效应是指在规模经济基础上形成的外部经济收益。由于自然资源优势的差异，以及产业经济发展的区域性特点，企业在追求自身规模经济和扩大经济需求中存在着较大的差异，某些企业形成了产业集聚效应。农业观光的产业集聚效应优势包括数个方面：第一，通过集群化可以对区域内农业观光的优势资源与相关资源进行整合，促进相关资源要素的优化和改良，解决土地利用率相对较低与基础设施重复建设的诸多难题。第二，增强企业间的分工效应与学习效应，促进农业观光产品的服务、技术、信息、劳动力、资金、金融等方面的交流和融通。这为给企业带来的资本节约效应、生产技术和管理经验的扩散等外部效应提供了基础，从而降低了企业的整体运营成本和生产风险。第三，形成区域产业的分工细化。在农业观光生产的相关领域，为实现生产、销售、农产品深加工提供产品服务的调查与咨询，以及产业园区的整体规划与设计等方面的协作。在产品服务、销售与流通领域实现农业观光龙头企业与辅助企业的融合是推进整合整个产业链条上的各个企业的优势资源，在区域内形成产品原材料供给到餐饮、文化、商业、娱乐企业的终端消费，以及宣传环节的一体化经营模式，从而扩大产业的规模，延长整个产业的链条，促进区域经营的一体化，以及核心企业之间的相互协调和合作，使得整个关联企业的生产成本和生产风险进一步降低。

（四）农业观光经营市场化

农业观光作为旅游和农业的交叉业态，它是将市场的休闲需求与农业产业供给密切融合的一种经营模式。农业观光将市场的行为融入产业经营的每一个细节。第一，农业观光充分挖掘了农业生产的潜在市场，提高了农业资源开发的市场化程度以及相关农产品的商品化率，并将自然资源和农业的优势资源转变为资源和经济优势，充分调动了农村某区域农民的生产经营积极性，增加了农民收益，推动了乡村振兴。第二，农业观光产业的规模化经营有助于提高农业生产的经营效率，有利于进一步规范农村市场的经济秩序，促进农业生产的社会化以及农村经济发展的市场化。此外，农业观光是以城市居民为主要的客源，在资源开发与项目设计中，以市场需求为导向，进行整体构建和品牌培育，推动农业观光向专业化的经营不断迈进。[①] 如今的市场划分更加细致，它逐步向特色化、精致化、多元化方向迈进。基于市场细分的产业化链条将不断向外延伸，现代化农业已经从满足生产者自身的需求，向多功能、人本化、高收益的福利型、经济型、创新型农业方向不断迈进。在现代农业产业的发展过程中，生产更加注重适应人类多元化生产消费的需求和高质量的生活生产需求。产业配置资源更加体现出经济、自然、生态效益相互协调的可持续发展。农业观光是现代农业多功能、人本化、高效益的集中展现，它在农业产业转型当中具有重要的调节作用，而且对城镇与农村经济的生态化、高效化、可持续发展具有重要价值，其推进作用不可忽略。

---

① 孟英伟.我国农业观光园开发模式研究[D].泉州：华侨大学，2007.

第三节 农业观光发展的基本理论

体验经济理论、可持续发展理论可为农业观光的研究和探索提供指导和依据。产业一体化理论、产业结构演进理论、交易成本理论、产业集群理论可为农业观光产业联动及产业化发展提供理论指导。农业的区位理论为研究农业观光产业带和辐射效应以及分析农业观光产业布局提供理论依据。

一、农业观光产业发展理论

（一）体验经济理论

体验经济理论由美国学者提出的。体验是从服务中分离出来的，经济提供物产生经济价值要经历产品服务体验4个基本的环节，需要根据消费者的参与程度来定义不同的体验。农业观光是体验经济时代最重要的产业之一，农业观光作为参与型的乡村生活形式，是一种体验生态、文化、自然、生活的过程。返璞归真是农业和农村的优势资源，是发展体验式经济的基础优势元素。从农业生产和生活的特定环境和情境出发，通过农村自然生态环境、淳朴的民风，带给旅游者远离城市的喧嚣、享受宁静时刻的体验。所以我们应该合理地利用农村的观光资源，创新性地研究出具有人性化、个性化和高附加值的体验型农村旅游创新型产品，营造不同的体验和独特的感受，增加旅游的互动性和参与性，从而满足农村体育旅游爱好者的体验式需求。

（二）可持续发展理论

当前，我们必须将经济发展与环境保护提到同等重要的位置，实现资源的永续性利用。可持续发展理论重点关注两个层面的难题：第一是解决环境问题。它需要放在社会经济长远发展的布局中，力求环境、经济、社会三者的可持续性和协调性发展。第二是人类生产生活应在环境约束和生态资源可以承受的范围内进行。农业观光的经营方式集合了生态、生活、生产三个层面的内容。在农业观光资源的规划和开发过程中，必须以可持续发展为基本前提，遵循社会、经济、生态的协调统一和可持续发展。在有效开发地区资源要素，实现经济收益的同时，必须致力于保护环境，促进社会人文环境和自然环境的和谐发展，保证乡村生物的多样性、生态系统的平衡和乡村资源的有效保护，实现乡村社会经济和生态环境的可持续发展，促进观光农业与旅游业的可持续发展。

二、农业观光的产业化与空间布局理论

（一）产业一体化

产业一体化理论是产业经济学领域的重要理论，产业一体化可以分为纵向与横向一体化，横向一体化指的是同行业企业之间的强强联合，而纵向一体化指的是企业与其上下游企业之间的千丝万缕的联系与合作。农业产业一体化也被称为农业一体化和农业产业化。农业产业一体化主要是通过联合农业产前、产中、产后的各个环节，形成完整的产业系统和一体化的经营模式。纵向一体化理论作为产业一体化理论的重要基础，为农业观光产业的发展提供了指导。农业观光是以第一产业为主导形式，融合第二和第三产业，并通过产业链的不断拓展，实现农业产品产前、产中、产后部门纵向关联，最终实现产业链条一体化的经营模式。农业观光的产业一体化的主要形式是通过连接合作社、联盟村、农户、农场等链条上的上游供应者，对接农产品深加工企业、社会化服务的相关机构以及旅游产品的提供商等市场资源。通过上游和下游的协同合作，拓展农业观光的产业发展模式，从而形成一体化经营模式。横向一体化是指随着农业观光产业的繁荣与成长，相关产业之间形成的联盟关系，强调水平性的优化与整合，并向企业集团化的方向不断迈进。①

（二）产业结构演进理论

产业结构的差异是导致各国经济发展阶段不同以及国民收入水平存在差距的关键。工业附加值高于农业，服务业附加值高于工业。此基本原理揭示了经济发展与产业结构演变的发展方向和内在动力。第一，随着经济社会的不断推进，国民人均收入水平的不断提升，社会劳动力逐步由第一产业向第二、第三产业转移，第一产业的从业人员会不断减少。第二，第三产业的

---

① 银文静，张冠鹏.发展农业观光旅游保护农村特色文化的对策探析[J].农民致富之友，2021，65（2）：9—15.

第三章　我国农业观光发展的理论基础

从业人员将慢慢增加，这种流动和转移的关键不在于产业的差异，而在于不同产业及收入水平的差异。根据产业结构推进的相关理论，农业发展贯穿第一、第二、第三产业，由第一产业向第二、第三产业进行交互，可以促进产业结构的升级。农业生产突破自然再生产的固有限制，广泛应用现代高科技技术，逐步发展循环农业、精品农业、设施农业等，从而实现投资利润的不断提升。农业观光的发展能非常有效地解决农业生产领域游离出的剩余劳动力，促使大量的农业劳动力从繁忙和繁重的农业生产中分离出来，转向生产回报率更高的休闲服务业。

（三）交易成本理论

交易成本理论以节约交易费用为中心，区分不同交易的特征元素，分析相应机制。交易成本包括获得准确信息、谈判和契约所需要的费用。依靠组织契约以及利用标准化量度，可以降低交易成本。生产成本内部化将降低相关公司的交易成本。公司的收益率在传统的农业生产中源于农民群体的有限理性和投机行为。农业本身具有相对的弱势，农产品的交易具有复杂和不确定性，农户以个体为单位进行交易，交易数量相对较少，交易信息不对称，这些问题造成了农产品交易过程当中的溢价成本、管理成本、监督成本的高昂。

农业观光产业的发展要从数个层面来降低交易成本。第一，通过产业化经营连接产前、产中、产后的各个环节，将农业生产的外部成本内部化，降低农业生产以及农产品的相关成本，从而促进农业经营整体性增收。第二，发挥各级政府以及农业观光行业协会的监督、协调和信息共享等作用，避免交易的机会主义和任意行为，提高农业的生产效率，增加其产品的附加值，延伸农业的多维功能，降低农业生产销售中的交易成本。

（四）产业集群

产业集群是指同一产业在某一地理空间范围内相关产业资本要素不断集聚的过程。从产业经济学角度看，产业集群通过专业化分工与合作，实现集群内部企业的互补与交流，有效降低企业交易成本，促进集群内部知识、技术与信息的不断流动。产业集群的特点表现在多维层面：第一，区域内的很多企业基本上围绕着同一产业或者相关联的产业开展相关的生产和经营活动，其主要的形式为产业纵向关联、产业横向关联或者区位的优势，指向相关的产业集群。第二，产业集群内部多为规模相对较小的企业，但集群的整体市场竞争力相对较强，其规模优势表现得非常明显。第三，产业集群与地区专业市场之间存在着互动发展，产品销售的市场小，渗透力相对比较强。产业集群形成过程中的关键因素表现在多个方面：第一，自然的禀赋与运输的成本；产业发展需要的大量相对廉价要素聚集的区域。由于其使用和运输成本相对较低，企业不断在此区域进行聚集。第二，大量企业集聚所形成的规模经济效应可以保证企业在各个运行环节得到低投入和高质量的回报。第三，经济的外部性。新进入某个地区的企业在生产中会产生经济活动的外部效应，后来加入的企业也会因此而节约市场交易的相关成本。第四，区域环境以及相关联产业的具体支持。区域环境的支持可以为区域内企业提供较好的基础设施、良好的软环境和比较专业的精细化服务，从而提高整体的竞争力，促进相关联产业的发展，有助于形成成熟的专业市场，加速产业集群化发展。农业观光产业集聚发展趋势是产业集群理论的彰显。农业观光通过产业活动影响上下游相关产业，并产生明显的辐射效应。

农业观光产业集群化发展对农业观光及地区经济发展具有重要价值，可以提高其产业的竞争能力，加快中小企业的发展速度，综合利用旅游资源，促进产品与服务的不断创新，加快产业结构的优化升级。农业观光借助区位优势和资源优势成为地区的主导产业，从而形成经济发展的突破口。通过吸引和辐射作用，带动周边地区的经济发展速度。最后，农业观光通过中心点发挥的作用形成区域的发展核心点，提升边远地区经济发展的速度，慢慢缩小中心点与外部经济发展的差距，促进区域经济发展的协调和平衡。

（五）农业区位理论

农业区位理论是指以城市为中心，有着呈同心环状分布的农业圈层。第一个圈层是农业的自由农作区，其生产出来的是易腐产品。第二个圈层是农业区，其生产体积大而不适合远途运送的木材和柴火。第三圈层至第五圈层为轮作式的农业区。但是它们都是以谷物生产作为主体，生产和经营集约化程度逐渐降低。第六个圈层是家禽的饲养区和放牧区，最外层的是未经开垦的荒野。从内向外，各个圈层土地的单位面积收益率和效益逐渐减少。生产和消费主要是在市场区域进行，生产者往往是以追求自身的收益最大作为基本的生产理念，利润是影响区位选择的最直接的因素。农业产业配置与区位选择受到诸多因素的制约，产业配置追求的最大利润原则也要在充分考虑经营成本、地区环境、区域市场价格水平以及居民消费能力和水平的基础上进行整体规划。产业区位选择应该注重综合分析各种因素的影响程度，在此基础上做出综合的研判。

区位理论是关于人类活动空间以及布局组织优化的理论，即研究各种空间活动布局的最佳空间设计以及最优效果的理论。农业观光资源开发是在各空间维度发展的多维活动，必须解决空间组织优化和空间分布的问题，因此需要分析区位影响因子与区位选择的基本依据。区域内农业观光资源评价的应用包括两个方面：第一是依据旅游区位因素评价休闲农业资源开发的区位条件，确定资源开发的层次和资源开发的具体价值。第二是区位理论要求农业观光资源开发与空间布局应该体现出集聚效应。区域资源评价要分析区域内各旅游资源间是否具有整体的优势，其区位理论对农业生产的整体架构和布局层次具有重要的指导意义。农业观光项目的开发要以农业区位理论为基本的理论基础，遵循农业生产布局理论，结合区域现有的农业结构和分布的具体形式，综合分析不同区域的资源优势、环境容量、交通状态、地理位置等因素，最终决定农业观光的空间布局与功能的具体划分。与此同时，区位理论在评价农业观光资源开发的优势条件、资源要素、开发价值、开发顺序、资源单体优势开发等方面具有理论指导意义。

第四章

我国农业观光资源现状及发展路径

第四章 我国农业观光资源现状及发展路径

农业观光资源开发指的是在一定的区域之内，以实现地区的生态、社会、经济效益为基本目标，以发展旅游业和农业为基本前提，以市场的核心需求为理念导向，以观光资源的利用为核心目标，以改善、发挥和提升农业观光资源对游客的吸引力为基本的落脚点，为吸引和接待农业观光的旅游爱好者而进行的旅游吸引物的创造、旅游基础和接待设施的建设、旅游良好环境因素的培育等综合性社会、经济、生态技术活动，从而使观光资源所在地成为颇具吸引力和资源创造力的休闲资源。[1] 农业观光是一种利用自然资源进行创新的产业，对自然资源的依赖度相对较高，区域地形地貌、水文土壤、气候等自然资源，在某种程度上决定了农业观光资源的价值和可开发程度。我们可以根据自然资源的丰富程度来构建相应的发展模式和利润创造的方向。草原、林地、滩涂、丘陵、高原、平原等地形地貌资源，会影响到农业观光资源开发的可持续性和目的地的可进入性。景观资源的可塑造程度、生态资源以及水资源是影响农业观光景观布局与观光区生活、娱乐便捷性的自然资源条件。气候、自然资源以及光和热资源的地理分布和季节性分配是决定动植物分布以及土地类型的重要维度。农作物自然生长规律以及农业的作息周期性规律，影响到农业观光的景观丰富程度以及相关的替代可能性。农业资源的开发主要是以农业基础资源为开发要素。因此，我们需要对可开发、可利用的休闲农业资源进行合理、科学的分类，具体分析休闲农业以及农业观光相关资源的开发规模、开发类型、空间布局等相关特征。通过分析我国农业观光资源开发的现状及可能存在的问题，并从社会、产业、政策、环境等方面进行梳理，调查农业观光资源开发的影响因素，我们可以进一步分析农业观光资源开发的基本模式和合理化路径。

---

[1] 梅虎，朱金福，汪侠. 农业旅游资源定量评价研究 [J]. 科技进步与对策，2005，22（12）：39—43.

第一节 农业观光资源的具体分类

农业观光依托的资源类型有很多种，我们需要对其加以分类。国内学者在分析有关休闲农业资源以及农业观光的资源要素时，从不同角度对农业观光资源进行分类。有学者将农业观光的资源分为环境、景观、农林牧渔以及农村活动等。有学者将其分为地理景观、森林旅游、农耕生产、空间利用等类型。有人将农业观光分为农业作物观光、园艺作物观光、林业作物观光、动物景观观光、人文资源观光、民间人文资源观光、人文文物观光。农业观光资源范围非常广，种类多种多样，与农业产业特性、农民生态文化休闲旅游地的景观都有着密切的联系。农民的生活、生产和生态完整囊括了农业基础资源，它可以作为农业观光资源分类的基本依据。可见，农业观光生产、生态、生活相结合的特征，可以作为基本分类依据。我们可将农业观光资源分为农业观光生活资源、农业观光生态资源和农业观光生产资源三个基本类别。

一、分类原则

第一是适当分级原则，农业观光资源分类应该有适当的分级，各资源之间要有相互的排斥性和延展性。第二是相对一致性原则，同一类型的农业观光资源，其内源与外延有着相对的一致性。在资源的主要构成、内外部景观特征、景观的基础功能方面应该保持相对的一致性，不同的资源类别之间应该有较大的差异性。第三是演化与发生的一致性原则，属于同一分级的农业观光资源在发展中应该有相似的特点、共同的演变规律以及构成的基础。第四是同时性原则，农业观光资源的分类应该与农业季节性特征相融合，不同类型的农业观光资源应该体现出其依托环境基础的不同特点。

二、具体分类

根据农业观光资源分类的原则，农业观光资源大致可以分为农业观光的生产性资源、农业观光的生活性资源、农业观光的生态性资源三个基本类别。根据各类资源的内部差异性，我们可以将其分为若干个小的亚类形式，

第四章　我国农业观光资源现状及发展路径

资源的分类的名称以原始性资源为主，需要进一步加工的二级产业属于休闲类发展的项目，是未来农业观光资源开发与利用的基本方向。

农业生产资源是农业观光生产资源的来源和基础构成要件，开发来源包括特用作物、粮食作物、绿肥作物、园艺作物、药用作物、农作物资源，旱田、水田、花卉、蔬菜、果园、茶园等富含农耕元素的活动形式。在活动中往往需要采用运输、耕作、储存、装层、防雨、防晒等方面的农具。在活动中有可能涉及水产养殖、家禽家畜养殖等农业生产活动，各种类型的农业生产资源，为农业观光生产资源的开发提供了资源要素和活动基础要件。

第二节　农业资源开发现状与问题

随着中国城镇化进程的加速，城乡居民可支配性收入不断攀升，居民的消费方式和消费结构迎来了巨大的变化。农业观光已经从起步阶段、初步发展阶段，逐步进入发展的快车道。农业观光的资源开发规模不断增长，开发类型趋向于多样化，空间分布呈现出集聚性发展的趋势。

一、资源开发规模

目前，我国农业观光资源开发已经由小规模阶段逐步进入专业化和规模化的发展阶段。经过多轮调查研究发现：休闲农庄、农家乐、农业园区、民族村等开发形式已经由小规模的经营逐渐发展为能够辐射和带动周边的农户进行大规模的融入。[1]

二、资源开发类型

为了加快农业观光产业的不断发展，转变农业发展的盈利模式，拓展农业的多维功能，满足人民日益增长的文化生活需求，农业观光资源开发类型的增加和创新是农业发展的必然要求。农业农村部和文化和旅游部曾经联合发布关于开展全国农业观光与乡村旅游示范县和全国农业观光示范点创建活动的建议文件，这对示范带动作用的增强和经营管理的规范以及服务功能的

---

[1] 朱鹤健，何绍福. 农业资源开发中的耦合效应 [J]. 自然资源学报，2003, 18（5）: 65—69.

精细化具有促进作用，它进一步促进了基础设施建设的健全和从业人员素质的整体性提高。

（一）休闲观光农庄

休闲农庄一般由农业观光企业进行专业化经营，企业经营规模相对比较大，业务运作模式非常成熟，休闲农庄经营特色非常明显，投资回报较快，是吸引社会资本进行投资的重要产业形式。就目前的调查分析而言，我国目前休闲农庄的数量相对不多，现已开发的农庄经营面积往往达到上千亩或者上万亩，庄园休闲形式往往是采摘、观光、参与、体验。在体验区往往设有为乡村旅游爱好者提供娱乐、餐饮、住宿基本服务的游客休闲区。在休闲区提供有内容丰富的活动，具体包括采摘、住宿、疗养、养生、娱乐、科普、消遣、民俗文化体验等各种类型的精细化服务。乡村旅游爱好者不仅可以通过体验农民的生活形式，通过采摘等形式享受农业的乐趣，还可以享受一些相对比较有趣味性的体育旅游形式，比如可以滑草、游园、品茶等。

（二）小型农家乐

分析各地区农业资源开发现状，可发现农家乐的开发普及度非常高，而且非常受大众欢迎。很多在城市生活的人，由于生活在写字楼和高楼大厦之中，常常因为看不到最原始的自然界和绿化相对较好的区域，而感觉到莫名的压抑。因此在城市生活一段时间以后，他们就想去农家乐散心、放松心情、陶冶情操，在心理上进行调节和放松。由于此形式非常受城市人群的欢迎，农家乐在经营主体数量和接待规模上占优，这一形式往往是由农民自发形成的，属于小规模显性服务形式，以生态资源、农业资源和农村生活文化为基础，将乡村农家改造为家庭型旅馆和招待所。以吃农家饭、住农家屋、干农家活、享农家乐为基本经营理念，利用农民自己的房屋作为经营场所，采用自产自销的蔬菜和家禽作为基本的经营资料，通过自己养的水产等资源来吸引乡村旅游爱好者前来吃、住、游、玩、购。它主要是以城市的中低收入者作为主要客源，各个地方已经开发出相对规模较小的农家乐，已经具备了一定数量，但是它们的缺点往往是经营规模相对较小，经营内容比较单一，管理水平相对较低，产生的经济效益不高。

（三）农业观光园

从示范点调查情况来看，农业观光园占比相对较高，这主要是因为农业观光园经营规模相对较大,经营内容与功能相对多样,休闲服务质量与档次相对较高,管理模式较农家乐有较大幅度提升,产生的经济效益较为显著。这种模式对周围地区经济发展的辐射带动效应相对较好。目前我国已经开发的农业观光园大多以生态保育、休闲娱乐、度假休闲、科普教育等基础性功能为主。它有三种类型:第一种类型是观光度假型,它主要是以乡村独特的自然景观、民俗文化和乡土风情以及休闲娱乐设施为基础要件而开发出来的休闲旅游度假项目,为游客提供亲近自然、修身养性、森林探险、观光娱乐、多维养生等休闲度假活动。第二种类型是生态保育型,它所依托的是森林、湖泊、草原、峡谷、山区的自然环境,依托乡村生态环境和自然资源的优势元素,以健身、疗养、康体娱乐、陶冶性情为基本的主题。它所开展的农业观光特色经营项目,涉及射击、高尔夫、温泉、药疗和休闲健身等项目,为游客亲近原生态的自然环境提供可能性。旅游观光爱好者还可以品尝到野生、无污染的绿色食品。[①]第三种类型是科普教育型,它所利用的是现代农业高科技技术和生物工程技术以及农业设施等。在城市郊区构建起农林生产线、示范基地、农业科技示范园、教育性农园、农业生态科技园以及农业博物馆等形式,把农业的景观功能、生态功能、生产功能、科技示范功能相互融合,并形成一定的规模。它所展示的是农业生产的高科技成果和高新技术,为游客提供学习和观摩的机会,是一种融科技示范、农业生产、科普教育、愉悦身心等多功能为一体的差异化发展经营模式。

(四)独具特色的乡镇

我国民族村、镇特色资源非常丰富,资源审美价值、文化底蕴非常深厚,它可以传承乡土文化并进行较好的资源性开发,产生良好的经济效益。我国目前已经开发的特色乡镇,以特色的乡村和具有民族特色的村寨以及农村集聚地为基本民居和民俗文化宣传旅游形式,它将村寨田园风光、部落典型民居、乡土风情和传统文化旅游项目相互融合和创新,开发出了融饮食、娱乐、休闲、教育为一体的农业观光项目,比如山西的平遥古城等。

[①] 张洪祥.湖北易陶然生态农业观光园规划设计[J].世界林业研究,2020,33(2):58—63.

三、资源开发布局

农业观光示范点在各个地方呈现出地域分布不均的现象，从示范点的数量的角度来进行分析，可以发现天津、河北、北京、江苏、上海、福建、浙江、广东、山东、海南共占了386处，占总数的38.79%。其中仅浙江、江苏、山东3省就达到了总数的19.69%。中部6省共176处，占总数的17.69%。西部的广西、内蒙古、重庆、四川、云南、贵州、陕西、西藏、青海、宁夏、甘肃、新疆12省（区、市），占到了325处，占总数的32.67%。东北部的黑龙江、辽宁、吉林占108处，占总数的10.85%。

四、资源开发特征

（一）开发阶段与形式

我国农业观光资源开发分为自主性、自发式和开发式三种开发模式，相互依存、不可分割。三种模式是在不同的经济基础之上构建起来的。在所有的这些形式当中，渔家乐、农家乐等形式属于自发式开发模式。它是农业观光资源开发的最原始的阶段，一般由分散的农户自发地进行构建、经营、自负盈亏，并根据市场的需求提供一些具有市场潜力和盈利可能性的休闲娱乐产品。中小规模的农业观光园建设则是以自主性的开发为基本构成模式，它是资源开发的初级经营阶段，它是以中小企业为主导形式，以短期盈利为目标的一种结合农业资源，有规划性地开展和开发的休闲旅游项目。大规模、大资金投入的休闲农庄、休闲农场运营属于开发式、创新型经营方向，它是成熟的公司化、企业化运作模式阶段。这个阶段主要是由大企业、大公司集团进行主导，以大资金投入为基本特点，以长期性的盈利和收益为基本目标，在农业和旅游业中具有经济基础的公司和企业才有此魄力。

（二）客源市场的特点

农业观光资源市场的开拓和创新，与距离城市的远近、交通设施的便利程度与信息的活跃度、旅游目的地的经营规模与接待条件的成熟度有着密切的联系。从我国农业观光资源开发的客源主体来看，城市郊区的农业观光是以国内都市游客为主要客源，国际客源非常少。从游客在景区停留的时间和活动内容来看，他们主要是以近程的一日游、二日游为主要的旅游模式，受

到农村基础设施、休闲服务系统不完善，城市辐射强度相对不强等因素影响。都市游客多以常住地城市为基本节点，以一日游的短期旅游为活动半径，向周边地区不断延伸。[1]

(三) 资源开发趋势

随着开发条件的不断成熟，我国农业观光资源的开发呈现出新特点，主要表现在两个层面：一是农业观光资源的开发，以单位的功效、休闲体验、观光娱乐、教育养生等多维度进行推进，由盈利能力相对较低、规模相对较小、管理能力相对较弱的农家乐，逐步向高层次、高品位、多功能的产业集聚型开发模式转变。[2]二是农业观光资源开发空间布局由较大的城市向较小的城市不断迈进，由城市的近郊向远郊不断拓展。在城市的近郊地区往往是以采摘、观光、科技、餐饮、教育、购物等基础功能为主的休闲娱乐圈演化。其演化形成的是以体验、住宿、观光为主体的休闲圈，而远郊地区形成的是以休闲度假为基础功能的特色旅游休闲圈，由此形成了农业观光空间布局的新特点，使农业观光资源逐步走向专业化和规范化。各个地方的农业和旅游部门非常重视农业观光的规范化管理，一些地区已经开始制定示范点评价模式和具体的指标，为休闲农庄和农家乐等旅游开发形式制定相应的评价体系和星级标准。他们根据星级标准和评价体系，对农家乐和休闲农庄等进行周期性评估，并评定出国家级和省级示范点，从而逐步将休闲农业和农业观光引入规范化、专业化、产业化的发展轨道上来。

第三节 影响农业观光开发的因素

农业观光资源开发的影响因素，包括农业观光产业运行中的整体环境，它涵盖了区域经济发展的水平、关联产业的发展基础、社会人口的消费能力、产业开发政策的合理性等要素。产业社会经济政策环境会影响到各地区农业观光资源优势向产业经济优势转变的能力。它是农业观光产业规范化、

---

[1] 许小红，覃爽姿，阮柱.县域休闲农业旅游资源开发格局及优化策略研究：以广西为例[J].南宁师范大学学报（自然科学版），2021，38（3）：12.

[2] 王桂云.农田景观化促进生态旅游的发展[J].生态环境与保护，2022，5（2）：60—62.

规模化、组织化、集约化发展的基础，其构建也是农业观光产业开发过程当中的必备条件。

一、经济环境因素

农业观光往往伴随着社会经济发展而不断前进，区域经济发展程度和水平往往在很大程度上决定了农业观光开发程度和居民出游频率。区域经济发展对农业观光发展的影响，表现在多维层面。第一，它影响农业观光开发的规模与环保经济发展水平。加大在人才引进经营管理和环境保护等方面的投资力度，可以促进农业观光资源的科学化、规模化经营。第二，影响客源市场规模以及旅游需求与整体消费水平。社会经济发展水平高，对外联系度就高，从而带动区域旅游的物流和人流，并通过宣传和口碑不断扩大潜在的客源市场。随着城市化进程的迈进和经济水平的提升，加快制定农业发展战略已经成为乡村振兴的基本策略，深化农村经济改革已经成为解决农业深层次和长远性发展问题的关键性要素。农业观光的兴起为传统农业转型指明了发展的方向。农业观光的产业化发展成为优化产业结构、推进市场化的重要路径，它是实现从传统农业向现代农业不断迈进的方略。随着城镇化水平的提升、经济社会的进步，以及老百姓闲暇时间的增多，进一步推进消费结构的转型、满足人们文化生活的需求、满足人们对美好生活的向往，成为农业观光产业化发展不断前进的动力。

（一）基础设施条件

基础设施主要包括交通运输设备、区域内服务设施、排污处理设施、邮电通信设施、环境卫生设施，等等。这些设施和设备是农业观光产业发展不断推进的基础性条件。交通基础设施的完善、交通设施数量的增加和效率的提升，缩短了客源地与目的地之间在空间层面上的距离，减少了农村旅游爱好者旅游的时间成本，并会带给乡村旅游爱好者舒适、安全、快捷的整体体验。[1]现代不断提升的信息技术，被广泛应用到各种旅游产品之中，为休闲旅游提供了更多选择。此外，它还显著降低了农业观光企业的经营成本，使其能够有效地掌握市场的多维需求。我国邮电、交通和通信设施不断改进和完善，运输服务保障水平在不断得到提升，铁路、航空、公路、水运等行业

---

[1] 金涛.新时代背景下农业观光旅游前景[J].中国果树，2021，63（10）：16—19.

在不断发展，市政服务部门的数量在急剧增加，私家车保有量也在增加，这是居民消费升级的重要表现形式之一，极大地促进了短途旅游的不断发展，自驾游成为农业观光旅游的重要出行方式。农村建设较大地改善了基础设施的整体水平，尤其是在通信交通、公共设施、环境卫生等设施的建设方面，它为农业观光的建设和发展奠定了坚实的基础，也大大提升了旅游接待的整体水平。农村地区的村村通工程较大地改善了农村交通条件，交通工具的数量与质量也得到了较大程度的提升，它为居民出游创造了相对便利的条件。

（二）社会经济发展

从整体的环境来看，国家宏观经济的较好发展是农业观光可持续发展的外部环境。改革开放以来，我国经济增长一直保持较高增长率，GDP总量持续保持增长，农业观光需求规模通常由农业观光市场的容量、规模增长速度以及整体市场饱和度决定。当农业观光需求规模较小时，企业的创新能力和竞争意识较弱，进入休闲农业市场的竞争主体少，难以形成农业观光的核心竞争力。当农业观光的需求达到相当规模时，区域内竞争主体将不断增加，这可以促进农业观光体系的构建与完善。随着居民生活水平的不断提高，我国人均GDP、人均可支配收入和消费能力在不断提升，用于休闲娱乐的支出在不断增加。根据以往的经验，人均GDP达到1000美元时，观光性旅游会得到较大的增长；当人均GDP达到2000美元时，可以基本形成服务多样化；当人均GDP达到3000美元时，人们就会产生休闲、娱乐、度假的强烈需求。随着我国GDP水平的不断提升，我国未来农业观光的需求必然有较大幅度的增长。

二、社会环境因素

（一）居民的整体闲暇时间增多

居民的余暇时间是保证休闲消费不断提升的基础性条件。相关的调查表明，休闲经济的产生是劳动生产率和科技水平不断提升的必然结果。劳动者单位时间的劳动产能得到提升，实现了劳动报酬的提升，也推动了劳动供给的增加。但是当达到一定的劳动报酬水平之后，劳动供给将随着报酬的提高而出现下滑，即经济学中所谓的后弯劳动供给曲线。为了提升劳动者的休闲水平，很多企业制定了带薪休假制度。带薪休假制度实施以后，结构性供需矛盾和旅游接待过重，导致生态破坏问题，这也增加了民众选择旅游时间和方式的自主化程度。为了使城镇居民有更多的假期选择权，能够有效地避开在节假日进行旅游的高峰时间段，使旅游出行更加合理和科学是必须解决的问题。

（二）居民生活水平整体提升

近年来，我国城市化水平不断提高，城镇化率每年提升一个百分比。一方面，城市化水平的提高导致城市人口密度不断提高，进而造成城市休闲环境与设施供应相对不足。城市居民到郊区和特色乡村进行旅游度假的内在需求在不断提高，这为农业观光增加了潜在的客源。此外，随着人们生活水平的提高，以衣着消费和食品消费为内容的生存性消费占比呈现下滑趋势。城镇和农村居民的家庭恩格尔系数在逐年下降，居民的恩格尔系数的显著下降表明，居民用于食品的消费支出在逐年降低，而用于休闲、娱乐、教育、文化服务的消费比重在持续提升，居民消费趋势已经由温饱型转变为注重内涵和产品文化的精神型。消费趋势也表明农业观光旅游的未来发展前景较好。同时，城乡居民的收入和支出水平得到了提高，既为城市居民外出旅游提供了充足的资金储备，也为农村居民发展农业观光提供了可能性，进一步促进了休闲农业从自发的节假日旅游向常规化、常态化、产业化和大规模的方向不断迈进。农村居民家庭的抽样结果表明，农村居民的可支配性收入在不断增长，这也为农业观光旅游的发展提供了更加坚实的基础。另一方面，农民可支配收入的提升，代表了有较多的农民有更多的闲暇时间和资金投入农业观光的建设中。此外，农村居民可支配性收入的提升也为其成为农业观光的潜在客源提供了坚实基础。[1]农民也可以进行农业观光的相关消费，他们的消费优势主要是他们本身就在农村和近郊地区，离旅游目的地非常近，进行农业观光消费的相关成本相对较低，这为他们成为潜在的客源提供了便利。

三、产业环境因素

农业观光产业关联性比较大，产业链条非常长，它是农业以及旅游业共享设施和产业链条的基础产业。农业观光相关产业的发展，为农业观光提供

---

[1] 高怀军. 贵阳市花溪区休闲观光农业发展规划设计方案探讨：以贵阳花溪区行知生态文化示范园规划设计方案为例 [J]. 安徽农业科学，2020，48（17）：5—10.

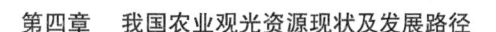

了技术流、信息流、资本流、人力资源流等方面的有效供给与支撑。

（一）旅游产业的发展

从我国旅游休闲的基本需求来看，随着农村和城镇居民生活水平的提高，国内休闲旅游需求开始增长。我国城镇和农村居民的市场在不断拓展，年接待旅游的数量，即用于旅游的人均消费水平在不断上升，这为农业观光的发展奠定了较好的基础。[①] 尤其是小城镇和农村居民，已经成为国内旅游市场的新力量和农业观光发展的潜在客源之一。

（二）农业产业的发展

改革开放以后，我国农、林、牧、渔业的总产值呈现出较大程度增长，在农、林、牧、渔业总产值当中，农业和牧业的产值占比相对较高。整体来看，我国农业经济发展取得了长足的推进，并保持持续增长的趋势，这为农业观光产业的发展提供了有力的支撑和较为雄厚的基础。近些年来，中央强调惠农政策要不断推进，大幅度增加"三农"的经济投入，"三农"支出的主要业务用以支持农村基础设施建设，以及农业生产、农业补贴和农村教育卫生事业的不断提升。中央和地方政府对农业发展高度重视，大力扶持农业产业发展水平的提高，组织实施了产业化经营、土地治理、科技示范等多项农业综合开发项目，在现代设施、装备、先进科技的支撑下，农业发展的格局已经初步形成。我国正在推进农业补贴制度的深化改革，推进农业保护补贴，促进农业发展模式的不断改良和变革。中央财政陆续下拨资金支持各地加强基层农技推广体系的改良和创新，加大对国家现代化农业示范区的政策补贴力度，采取以奖代补、基本建设投资、财政支农资金试点整合等模式，推动示范区建设的不断发展。

（三）农业观光产业的发展

农业观光产业自身发展的因素，包括农业观光资源的优势要素以及农业观光企业等多维要素。从农业观光的企业层面来进行分析，我们发现可以从农业观光和企业规模经济与进出壁垒等方面进行探索。根据产业组织理论，企业规模经济可分为经营性规模经济和生产性规模经济两种基本的形式。生产性规模效应是指由于产业规模扩大，而导致单位成本不断下降的现象。而

[①] 高凡. 生态农业旅游营销策划研究 [J]. 核农学报，2022，36（1）：29—34.

经营性规模效应是指销售网络投入扩大、生产性投资扩大和管理过程扩大等导致的企业经营收益不断提升的模式。农业观光公司和企业生产性规模经济主要体现在地区接待规模和组团规模的不断扩大。经营性规模经济主要体现在客源市场的空间扩散、销售渠道网络化以及管理方式的体系化带来的整体利润的增加。首先，农业观光企业要形成比较强的组团和接待能力，需要与交通、旅游、餐饮、购物等相关农业观光服务部门通力合作，通过不断扩大销售网络、增加销售点来实现经济增长。其次，从农业观光企业的退出壁垒与进入形式来看，农业观光企业进入壁垒包括产品的差异化程度。而我国农业观光企业进入壁垒相对较低，相关企业进入市场的门槛不高。农业观光企业缺乏长远的经营战略与品牌的相关意识，企业经营技术含量较低，农业观光市场存在小而散的问题。企业退出的壁垒包括违约成本、沉没成本、市场发育与行政法规的完善度等因素。我国农业观光企业资产的专业性不强，导致企业退出沉没成本相对较低。农业观光企业的购销合同多为一次性临时契约，违反契约的成本不高，而法律法规也没有对农业观光企业的退出形成较强的约束。与此同时，农业企业市场竞争也影响着农业企业的发展前景。公司市场竞争行为表现为多种类型：第一种是由企业定价行为而引起的相关价格竞争。第二种是由企业的差异化或者产品与技术创新而引发的非价格性竞争。第三种是由企业或者公司的兼并、扩张行为而触发的结构性调整。从农业观光企业的角度进行分析，企业竞争多表现为价格竞争，企业往往根据淡旺季实施折扣策略。农业观光的相关企业一般产品差异化程度不高，企业产品的创新力相对较低，这影响了农业企业的不断发展。

四、政策环境因素

政策在政府的决策行为中占有重要地位。政府在农业观光产业发展方面形成的政策支撑、资金引导和行为规范等，为农业观光相关企业的发展创造了宏观环境。首先在政策支撑层面，较好的农业观光经济刺激政策对提高农业观光产业化水平具有正影响。影响体现在：第一，它是直接相关的产业政策。政府部门根据地区经济发展的战略和整体目标，对农业观光企业在整体发展和规划、投资政策等方面进行具体的设定，为农业观光企业提供了政策性引导和战略方向指引。第二，它是配套协调管理政策。首先休闲农业产业发展涉及工商、税务、财政、金融、交通、环保、司法等各个政府的相关部门，它们通过明确的分工协作、管理合作为农业观光企业发展提供政策性引导和法规指引。其次在资金引导层面，农业观光产业与企业的融合离不开资金层面的支持。政府可以向农业观光产业的相关企业和公司进行财政资金的适当倾斜，这可以为相关的企业提供良好的融资平台和投资环境，可以积极引导社会资金的投入。通过财政资金与社会资金的合理运用，促使农业观光企业实现产业化发展。最后在行政法规的支持层面，制定与农业观光相关的法律法规，是合理开发农业观光优势资源、规范农业观光市场秩序、促进该行业理性科学化发展的基础。农业管理体制、机制的完善与创新，有利于明晰各级主管部门的具体责任，确立政府部门对农业观光产业发展的作用机制，在农业观光相关战略的制定和战略规划的形成、生态环境保护方面起到监督和管理作用，从某种程度上为实现农业观光资源的有效配置和产业良性发展提供基础条件。

第四节　农业观光资源的开发路径

农业观光资源的开发路径是在对地区农业资源的结构类型、组合特色、规模、分布成因以及相关的民俗艺术文化等进行调查分析的基础上，分析不同类型农业资源的优势元素，结合地区经济社会生态环境的潜在客源等条件，选择资源开发类型、空间布局和投资模式。

一、农业观光资源发展优势分析

农业观光自身的特点，使得休闲娱乐活动具有独特性、多样性和精致性。第一，农业观光资源可提供与生活充分融合的休闲机会，满足人们对农作物的成长、采摘等过程的充分了解和认知的需求，满足农业旅游爱好者体验淳朴农村生活的需求。第二，农业生产的各个环节都有很高的技术含量，农作物生产中的土地平整、播种、除草、浇灌、耕耘、收获、农具使用都可以满足农业观光爱好者的求知欲、好奇心和新鲜感。第三，农业观光的资源包含的种类丰富多彩，可提供的休闲活动类型非常丰富，能够充分地满足人们求变、求异、求新的心理需求。对农业观光资源休闲资源的分析是资源开发的基础。针对不同农业观光资源的特点，我们可以充分挖掘其休闲的价值。农业观光生活、生产、生态资源各具特色，而且具有非常强的休闲和开发价值，不同农业观光资源可供开发的休闲资源具有自身的特征。

二、农业观光资源开发经营类型

（一）农业园

1.农业观光园

农业观光园区依托园艺、园艺作物、花卉、蔬菜、农作物自然资源，以展示种植业的园艺或者栽培技术、农产品及其生产为主，供游人观赏和体验，并参与蔬菜、水果、花卉的采摘、种植，享受参与、体验农事劳动的情趣。农业观光园可以进一步细分为观光菜园、观光果园、观光花园、观光茶园、观光中草药园、观光生态农园、观光竹园，比如北京的锦绣大地生态农业观光园等就是典型的农业观光园代表之一。

2.农业公园

农业公园是指按照公园的整体经营理念，将生产、消费、旅游空间相互融合，形成融食宿、餐饮、购物、休闲、度假为一体的农业公园形式。整个园区非常注重人文、历史、资源的整体开发，休闲、服务设施非常完善，是一种相对综合的农业开发园区，它往往包括种植区、景观区、服务区、休闲区和养殖区等开发模块。

3.科技型农园

科技型农园依托高科技的农业生产方式，强化其生产过程中的趣味性、科技性、生态性、艺术性和乡土性，形成农、林、物相互融合的综合性科技生态农业场景，向乡土旅游爱好者展示农业科技、提供休闲的场所和各种类型的绿色农产品。经营范围包括高科技示范园、农业博物馆、生态农博园等基本形式。农业科技园还可以成为科研、教育、学习、考察的场所，由此实现科普教育与观光功能的相互融合。

4.市民休闲农园

在城市的近郊，农业经营者往往将农地分割为多块区域，向城市居民出租，市民在承租土地上进行农耕的体验。市民休闲农园主要是以农耕体验为主要经营理念，市民参与农业生产，享受农耕文化体验和乐趣，感受田园生活，所生产的产品往往供自己享用，或者与亲友同享。大多数租用者只是把它当作休闲娱乐方式，并作为生活调剂。他们的生产过程并不以获得劳动产品为主要目的，只是为了在节假日到田里进行劳作体验。在平时工作比较繁

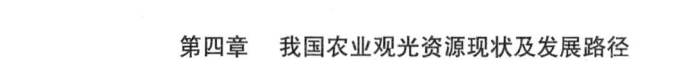

忙时，主要是由农户代为管理和经营。

5. 教育型农园

教育型农园主要是指以教育为目的的农业园建设，它往往要兼顾休闲娱乐与园林设计双重属性。在教育型农业园中所种植的作物种类、形态特点和整体造型，养殖的具体生物种类及配备设施，都必须从教育角度出发来设计。比如，对热带植物、特种蔬菜的标牌展示，传统农具的展示等，为乡土旅游爱好者提供了了解农业科技和农业生产经营户外教学与体验的平台。

（二）休闲农庄

1. 民俗文化村镇

民俗文化村镇主要是指以典型民居、新农村风貌、具有特色的村寨、具有民俗艺术文化气息的村落资源为基本要件，构建具有一定文化、经济、商业价值的传统建筑和庙宇宗祠等。它主要是以民俗风情、乡土文化、民族传统为主题，开展农业观光的各种项目，以展示特色村落文化的民俗活动，让乡土旅游爱好者感受到村落民俗、新农村建设以及生态艺术的气息。比如江苏昆山的周庄等。

2. 生产型休闲农庄

它指的是依托林、农、牧、渔等大型农业生产基地，开发的以集约化大规模化生产为主要特点的休闲型农庄。此类型的农庄主要是以生产作为主要功能，并且为乡土旅游爱好者提供参观农业集约化生产过程、参与产品的加工与制作的农耕活动。[①]

3. 产业型休闲农庄

这种休闲农庄是以林业、渔业资源为依托而开展的农业观光项目。第一种形式是林业休闲。它主要是开发、利用林区的多变地形、辽阔林地和富有自然气息的奇石与溪流等优势资源，发展具有多种休闲功能的森林公园、天然林地、人工林场等经营场地，为野营、观光、狩猎、探险、避暑、休闲、科考、森林浴、度假、天然氧吧等活动提供平台和载体。第二种形式是乡野畜牧。它主要是依托草原等自然风光和畜牧业文化等优势自然资源，开发以畜牧生活体验、草原文化体验和草原风光观光等为主要内容的农业观光项

---

① 冼炜轩，尚国琲，刘玉. 基于 POI 数据的乡村休闲旅游地空间格局及其影响因素：以北京市密云区为例 [J]. 江苏农业科学，2021，49（8）：18—25.

目，为游客提供参与牧业生活和观光的乐趣。第三种形式是休闲渔业。它充分利用海岛、海洋和沿海地带的风光与渔业生产资源、渔村文化要素、渔业生产基地、渔村设备、渔业经营资源等，建设以体验、观光、度假、休闲为主要目的的沿海观光度假园区，主要开展垂钓、暗钓、船钓、钓鱼竞赛、捕捞竞赛等体验渔村生活的休闲娱乐活动。

三、农业观光资源开发空间布局

（一）农区展示型模式

农区展示型地区往往位于具有一定特色和民俗文化气息的乡村区域，比如瓜果生产基地、特色蔬菜生产基地和具有特色的建筑群落等。它主要是以城市居民为主要客源，立足于具有传统的农业生产资源、民俗资源、农耕文化资源、民族传统文化特色的地区以及具有特色的村落村庄。开展的活动形式主要包括体验、观光、求知、购物、劳作等。

（二）城市郊区型模式

这种类型的农业观光主要布局在大中城市近郊或者中远郊区域，主要是利用大中城市的近郊或远郊相对明显的交通优势、区位优势和比较好的自然与人文资源优势进行开发。休闲农业项目、大型城市的社会经济发展以及庞大的城市客源量，能够刺激和带动郊区农业观光的迅速发展和壮大。

（三）景区依托型模式

景区依托型主要是依托著名景区已有的旅客流量、美誉度和吸引力以及相对应的客源市场，来带动农业观光相关产业的发展，与景区形成资源共享、产业互补、客源共享的发展业态。比如安徽某些村镇旅游，主要享受黄山产业圈的辐射与带动作用，利用其区位优势带动村落旅游的进一步发展。

四、农业观光资源开发组织模式

（一）个体户模式

个体户模式是以当地农民或小投资者作为主体，开展休闲农业活动，获取相应回报的方式。这种模式投资小、风险低、收益较快，是典型的经营"短平快"。但其缺点也非常明显。它主要是农民自发经营，往往投资的规模非常小，经营项目雷同，经营管理不规范，产业化程度非常低，产业经营和生态效益较低，产业发展的带动效应非常有限。个体经营模式涵盖了个体农户与示范农户加农户两种融合模式。个体农户型是指农业个体户通过对自家经营的牧场、果园、渔场等进行规划、设计、改造而形成农业观光项目。他们往往通过开放自家具有特色的农业园区，经营具有农家特色的旅馆和餐饮，独立完成整个旅游的精细化服务，实现小规模经济效益。其典型的代表形式就是渔家乐、农家乐。随着经营规模的不断扩大，我们还可以进一步吸纳农村剩余劳动力进入此行业，并形成较大的规模。示范农户与农户进行合作的模式，往往是指开拓户变成示范户，然后由示范户带动其他农户共同发展的模式。通过学习示范户先进的技术与经验，往往能够提高自己的策划、经营和管理水平，形成有一定经营和管理能力的小规模经济体。[①]

（二）政府主导模式

政府主导模式主要是指政府通过各种法律法规和投资形式推动农业观光产业不断推进。通过制定扶持政策，推动农业观光项目的不断开发与建设。此模式主要包括政府部门督办、政府与企业联办、政府与企业和农户三者相互配合的形式。政府部门督办主要是指在农业观光开发的早期，由政府独立出面出资建设并管理农业观光景区。政府与企业联办的模式是指由政府出资进行建设，企业进行运营和管理的合作模式。在某些资源相对比较聚集、专业程度相对较高的农业观光地区，将政府的资金支持与公司的管理优势密切结合，可以实现农业观光的规模化、产业化和专业化。政府与企业和农户相互配合的模式，是非常常见的经营方式。这种方式的农业观光模式中，政府仍然处于主导地位，主要是负责农业观光整体规划与基础条件的达成，并在经营和产业运作当中进行指导。企业主要是负责管理与经营以及对市场的不断开发，组织客源商业运作形式。农户通过出让或出租土地，成为休闲开发项目的股东参与到整个项目中，或者是由当地的村委会或农民旅游协会来负责协调和管理，组织农户参与休闲活动的策划和表演，提供住宿餐饮、工艺品制作等。此模式的正常运行，需要协调企业与农户的利益平衡。这个模式

[①] 刘晶芳. 农业生态旅游资源的评价体系构建与实证分析 [J]. 贵州农业科学, 2020, 48 (4): 51—56.

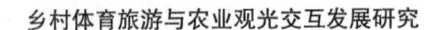

有利于调动农户、企业、政府三方的发展积极性，驱动三方协同发力，发挥产业链各个环节的优势元素，大力发展当地的农业观光项目。尤其在经济落后的农村地带，它具有较强的可操作性和针对性，能够激活此区域的经济活力，带动更多的农村剩余劳动力就业，对我国乡村振兴战略的达成具有重要的价值。

（三）企业主导模式

企业主导的运营模式是指企业完全自主，政府起的作用只是辅助和服务。这种模式主要是由民营企业股份制或者其他类型的企业作为经营或者投资的主体，通过向农民租赁土地的使用权实行规划经营管理的方式。这种模式包括企业独立投资、企业与农户合作、企业与社区和农户相互协调配合三种基础模式。企业独立投资的模式主要是在企业有相对优越资金和其他资源，政策环境相对较好，但区位没有优势的背景下进行开发和利用。这种模式中的企业经营，不会受到行政的干预以及农户经营效率相对较低的影响。它的运营管理相对比较规范，投资的经营回报率非常高，但社会效益不是特别明显。在企业与农户合作的模式中，企业是投资经营的主体，能够充分利用当地农户闲置的资产要素，利用劳动力进行丰富的农事经营活动，带动、吸收农户参与并规划经营管理，从而调动当地农民的生产积极性，减小企业在发展过程中的阻力，提升企业在整个经营过程当中的社会效益。企业与社区和农户相互协调配合的模式，主要是通过当地的社区或者村委会来组织农民参与农业观光的企划、策划和运营。企业制定出相关的运营规则，负责规划、招商、宣传与培训，规范农户的运营和管理行为，保障企业、农户等各方利益。社区主要是负责协调企业与农户的双方关系，组织农民按照企业的基本要求规范经营，并为农民争取到应有的利益。[1]

（四）新型主体经营模式

就目前的形势来看，我国农业观光与乡村旅游越来越向产业化和规模化的方向发展。合作社和家庭农场的经营模式解决了土地集中利用的基本问题。它根据农业资源的类型、经济整体发展水平、经营业态等具体情况来定位发展的类型与趋势。合作社开展农业观光可充分挖掘地方文化风情与历史

---

[1] 何可，叶昌东，陈当然. 改革开放以来珠三角地区农业功能转变与景观形态演变 [J]. 农业资源与环境学报，2021，38（6）：10—16.

文化品位，并采取激励与农户合作模式，加快基础性的开发力度，提高服务的精细化水平，打造具有特色的旅游品牌，并形成口碑，增强其开拓市场和改变、带动周围农户发展的能力。很多专业的合作社采取的经营模式和策略是统一价格、标准、分配、培训、宣传，形成了融观光、垂钓、旅游、餐饮住宿为一体的精细化服务管理模式，开发了生态游、开心农场、鲜果采摘园等农业观光项目，垂钓、抓螃蟹等休闲娱乐活动也是其中的发展部分。由此可见，发展休闲农业的合作社、家庭农场要做到有一定的特色，并有相对精细化的服务。地方政府和企业、行业协会往往会帮助这些合作社打造自身的地域性品牌，并形成规模化效应。发展方略主要是建造由企业主导的主题休闲观光园、生态农业体验园、农业庄园和生态农业教育基地等，其责、权、利非常明晰，可以发展相对大型的高科技观光园。而个体户的经营模式可以发展特色与精品化农业。新型农业经营主体发展农业观光，往往需要政府部门的扶持与引导，应避免同质化的恶性竞争，做到"一户一特"和"一村一品"，形成差异化的错位发展模式与格局。

第五章

体育旅游与农业观光的产业化发展

第五章 体育旅游与农业观光的产业化发展

第一节 体育旅游与农业观光产业基础分析

一、农业观光资源的优化与整合

（一）促进资源合理化配置

在农业观光的市场化与产业化发展中，重视农业观光资源的合理配置是一个重要的基础性问题。一是资源所有权或者使用权与经营权的合并和分离是首先要解决的问题。采取两权合一的策略，使农户可以在短期内获得比较明显而直接的经济回报。但是由于其开发能力的不足，开发方式相对比较单一，行业规模比较小，而且不聚集，规划比较粗糙，起点非常低，项目建设同质化等问题突出。[1]如果我们采取另外一种策略，即采取两权分离的模式进行经营，可以发现在短期之内，农户很难获得较高的经济回报，但是借助其他主体能力和创新力，其开发的起点相对较高，管理水平也较高，资源整合能力强，产业会形成联动效应和长远格局。二是促进资源市场价格的逐步形成。由于制度的限制，农业观光资源不能直接通过市场流通的方式而取得。它需要进一步完善市场的基础定价机制，切实解决市场信息不对称与供需关系不对应的问题，促进资源的合理化分配。三是利用资源的比例和方式进行经营。[2]在农业观光的项目开发之中，需要对土地的利用方式与配置进行综合评定，并对土地资源利用的比例和方式进行合理的配置和排列。

（二）加强资源优化能力

做好农业观光资源的种类、数量、质量以及组合状态的调查与分析，实现资源的合理配置和有效利用，是合理经营的首要因素。首先，我们通过资源整合可以促进农业生产，由传统的农业种植向现代高科技农业和高效农

---

[1] 朱中原，王蓉，胡静，等.基于网络信息的江西省乡村旅游地吸引力评价及空间分析[J].长江流域资源与环境，2020，29（8）：10—15.

[2] 刘晓静.农业生态环境下旅游经济的可持续发展[J].环境工程，2022，40（2）：15—19.

业、精准农业、有机农业转变。在具体的策划和经营中，可利用各种农作物生产中的时间差和空间差进行技术配置，充分利用光照、土地、作物、动物资源，形成多层次、多功能、多途径的现代农业生产格局，提高各种类型农业用地资源效率，发展精细化农业。我们可以综合利用生物资源、生态农业、资源加工转换与增值，推动加工业发展。我们还可以通过资源的开发利用，解决农业生态环境的协调和农业发展中的功能拓展问题。其次，我们可以通过整合区域内文化、自然、社会、科技、资源，不断推进农业观光发展，从观光游览的基础阶段向休闲度假阶段推进，从功能单一性向观光、休闲、度假、健身、康体、文化、商务、会议等多功能融合的综合性方向发展。与此同时，区域内各休闲园区的建设需要突出各自的特色与优势，挖掘当地自然资源的优势要素，进一步显现自身的比较优势。侧重经营模式的独特性和创新性，并在营销方式上强调各种优势元素的强强联合，针对不同路线进行设计与包装，并进行分类营销。①

二、选择融资及其运作模式

农业观光是资本需求量相对较大的产业类型，农户、农村集体等经营主体往往投资能力相对较弱，单纯依靠自身很难完成资本的积累，需要借助外力或者是融资的形式进行发展。农业观光融资的模式可以借鉴一般旅游业方略进行发展。我国旅游行业的融资形式主要有以下几种：第一种模式是通过股份制改造发行股票进行直接融资。第二种模式是通过发行债券的方式来筹集资金，并承诺按照一定的利率支付利息，并到期偿还本金、债权债务。第三种模式是实行旅游项目的融资，吸引大公司、大企业、大财团的投资。第四种模式是建立旅游产业投资基金，将通过各种方式筹措的资金，交由专门的机构进行规划、策划和运作。农业观光的经营规模相对较小，经营管理不是特别规范，发行股票与债券的模式还不十分成熟，我们应该采用项目融资和基金融资的模式来筹措资金。项目融资是以项目本身就有的资金以及未来取得的收益作为还款的来源，积极融资利用的是资本市场。因此，可以扩大融资的渠道，发挥政府的示范和引领作用，由政府、个人与企业三者联合，形成农业观光的融资性载体，吸引更多的民营资本的投资。

---

① 李子珍，种培芳，黄宁.西北地区特色乡村旅游本土资源开发研究：以武威市四沟村现代农业生态旅游规划为例[J].资源开发与市场，2020，36（5）：58—63.

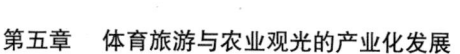

三、提升市场营销的水平

农业观光的经营水平,由客源城市当中的中高收入人群的收入水平、生活水平、消费能力等综合因素决定。我们要根据市场需求、客源市场特点,立足本区域的优势自然资源要素、特色资源来确定农业观光的主题和农业观光的项目类型与档次,并制定相应的市场营销策略,形成经济优势。[①]

(一)创新营销模式,实现品牌化推广

农业观光的品牌营销是促进农业观光规模化,促成品牌化发展的依托。通过创新营销模式来深度挖掘农业观光产品的特色,提高农业观光产品与服务的精细度,可以促进该产业的迅速提升。通过品牌化营销,可以提升产业的运作力。在整合优化的基础之上,我们可以重点打造点、线、面相互协调和配合的农业观光品牌体系。在经营点上,我们可以继续开展农业观光示范点、美丽乡村推荐活动,打造一批山清水秀的美丽休闲乡镇。这些具有休闲功能与农业观光功能的经营点,包括采摘园、休闲农庄等。在县城层面,重点开展休闲农业精品路线的推荐,因地制宜地开展农业观光品牌的推介活动,培育经典旅游产品,开展最美乡村旅游文化遗产的推荐和农业观光精品路线的打造。在发展面上,我们可以继续开展农业观光示范区、示范县的建设,依托各地行政村的村落风貌和农耕文明,建设带动力强、示范效应显著的观光聚集村产业带,促进农民增收,提高城乡休闲旅游消费的整体水平。

影响力的提升可以通过推介各地农业观光民俗村、特色乡镇、休闲农庄、乡村旅游景点,打造休闲农业移动互联网服务平台,整合移动智能终端、云服务平台和大数据技术来实现。一是以二维码作为平台入口,向旅游者提供全面、精准、便捷的农业观光信息和服务,利用互联网媒介建立农业观光经营者与游客之间的良性互动,满足旅游者的个性化消费需求,为旅游者提供旅游路线推介、产品预订等服务,提高农业观光产业发展层次。二是我们还可以举办各类大型节会活动,打造农业观光嘉年华。农业观光合作社、休闲农业行业协会等可以携手打造农园节、特色农产品展览、产品交易会等,通过线上、线下活动,将各类农事节庆、主题活动结合起来,通过微

---

① 相雅欣,焦存艳,祖伟力.京郊休闲农业提档升级路径分析[J].农业展望,2021,17(9):59—65.

网站、微信公众号、电视台、新闻网等媒体对节会进行宣传推介。三是做好专业市场的定位和宣传。制作图文并茂的旅游指南、景区景点图册，积极借力影视宣传片拍摄地展示农业观光项目，利用各种媒体进行全方位、多层次的推广。四是农业观光形象设计。以农业观光经营理念为核心，建立农业观光视觉识别系统，通过企业经营者有效的管理活动和服务活动塑造良好的农业观光形象，在农业观光园区指示标志、企业办公用品、广告宣传资料、产品与包装、环境陈设、公关礼品、从业人员服装饰品、运输工具及设备等方面实现形象应用。

（二）开展文化体验活动，丰富观光产品业态

鼓励各个地区依托自然生态景观、民俗文化，有规划地开展乡村民宿、户外休闲旅游、亲子休闲度假产品，大力发展休闲度假、农耕体验、度假养生、乡村文化体验等活动，促进农业观光向精品化、创意化方向发展。农业观光的发展还可以支持农户进行与农、林、牧、渔相关的农业观光园的建设，积极扶持农业观光合作社建设相关基础设施，发展以农业观光为核心的农业观光聚集村、乡村特色文化和历史遗迹保护，建设具有历史记忆、民族风情的特色乡镇、"一村一景"和"一村一品"的美丽乡村，开发旅游吸引力高、农户参与度高的项目。探索、开发以各地特色资源为基础的农业主题公园、乡村摄影基地、户外拓展基地等项目，提升农业观光的经济效益和社会效益。

四、拓展信息终端

推进农业观光目的地的信息化管理，利用物联网、互联网和手机媒介来拓展信息终端，加快信息服务系统的构建，建设管理系统业务农业观光网、电子商务网等。各旅行社网站可以成为宣传农业观光信息的平台。比如农业观光网建立了权威的农业观光信息库，网站通过及时、高效地传递信息，向公众详细地介绍农业观光景点的分布、动态、交通、餐饮、食宿、天气等信息。农业观光网站的建设还可为农业观光经营者提供展示的平台，通过网络进行调查与分析，使网络营销与各种互惠链接相互配合，为其推荐提供基础条件。此外，它还可为游客提供信息咨询、网上支付、网上预订等精细化服务，从而降低公司的成本和游客获得信息的时间和经济成本。协调旅游爱好者、观光经营者及农户之间的信息不对称，提升信息的便捷性和可得性以提

高旅游产品质量。此外，地方政府可通过网站向公众介绍观光政策、办事流程、政务新闻等多维信息，为景区景点提供路线和自驾方案以及住宿餐饮等精细化服务。同时，相关的信息可以为当地观光发展提供服务与指导，提升旅游品牌的知名度。通过构建农业观光信息平台可实现行业管理的企业经营网络化、管理网络化以及信息服务精细化，可搭建政府、企业与市场间的沟通平台。

五、提升科研的实效性

中国休闲与创意农业研究院、现代农业观光研究院等研究机构的成立与壮大，为农业观光提供了规划设计、培训交流、配套产业等方面的智力支持。农业观光研究机构在动植物产品设施农业、精品农业创建、品牌化经营以及农产品深加工、农业观光主题项目形象策划、营销网络体系精细化搭建等方面进行了深入的研究。这可助力农业观光项目质量提升和品牌培育，为农业观光的差异化、区域化发展以及农业观光产业模式创新提供改良的可能，并可以引导农业观光成为对接大生态、大旅游的新型高效产业。此外，它可促进各地农业观光的发展，加强其与大专院校和科研院所的合作，通过培训与交流、专家讲座等，将先进的农业技术等引入农业观光的建设规划和发展中，采用资源共享和共建的合作模式，加强农业观光与专业专家团队的有效沟通与交流，搭建二者之间良性合作和相互协调的平台。

第二节 农业观光产业化提升的具体路径

一、培育农民创业条件和氛围

推动各地农业观光惠农政策向农民创新创业倾斜，培育农民创业带头人。以返乡创业的农民工、高等院校的毕业生、大学生村干部等对象为主体，建设农业观光项目具有可行性。结合新型职业化农民职业技能培训等计划，开展农业创业技能培训。利用农业园区特色乡镇建设农民创业实习基地，可以鼓励农民在农村兴办农场、创立合作社和小微企业、发展设施农业和乡村旅游、推进农产品深加工和民俗工艺、提升生活生产服务等。鼓励各类农业协会、中介组织和社会机构开展各种类型的农民创业创新竞赛活动，可以促进农民创业创新与农业观光之间的交叉融合。①

二、加强龙头企业带动效应

（一）培育农业观光重点企业

对资源进行整合，是提高农业观光产业化程度的关键要素，积极培育具有整合农业产业链资源要素能力的龙头企业，可以为农村旅游示范点、示范县活动的开展创造有利条件。全国农业观光与乡村旅游星级示范企业、全国十佳休闲农庄十大精品路线的创建与实施的特色突出，战略设计能力非常强，凝聚示范带动效应显著。各个地区应该依托农业观光与乡村旅游示范创建工作的进一步发展，加快培育具有运作规范、产业基础雄厚、经营效益良好的农业观光产业化龙头企业，推进区域内农业观光相关社会化服务的发展，组织农业大户、家庭农场、小微企业大力发展优势互补、类型多样的观光项目。产业化的推进还需要以农业观光龙头企业为主导，发展产业化、多元化、集约化的示范基地和示范园区，提高农业观光产业组织化程度，进一步提高产业化经营效率。

（二）提升龙头企业带动能力

推动各地农业观光惠农政策向农民创新创业倾斜，培育农民创业带头人，以返乡创业的农民工、高等院校的毕业生、大学生村干部等对象为主体，建设农业观光项目具有可行性。结合新型职业化农民职业技能培训等计划，开展农业创业技能培训。利用农业园区特色乡镇建设农民创业实习基地，可以鼓励农民在农村兴办农场。

三、健全农业观光产业组织

专门行业协会完善度是在市场经济条件下衡量产业是否已成熟的重要指标。就目前情况来看，我国已经成立中国旅游协会、农业观光与乡村旅游协会专门负责研究农业观光和乡村旅游，进而提高农业观光的管理和精细化服

---

① 郝汉，杨晋渝.基于乡村振兴战略下都市农业土地利用问题及对策研究[J].中国农业资源与区划，2020，41（9）：59—63.

第五章　体育旅游与农业观光的产业化发展

务水平。我们要按照市场化行业协会的办会原则，建立农业观光行业协会不断完善的自我服务和约束机制。赋予协会一定的职权和给予资金的支持，让其适度参与管理。此外，还可以通过整合行业协会的各种资源，制定行业规范、强化监督、提供培训，为农业观光的发展提供人员培训、宣传推介、管理咨询、市场评估等多样化的精细化服务，发挥行业协会在政策宣传、行业标准制定、经营行为规范、行业争端解决方面的具体效能，加快农业观光的组织化和标准化建设。与此同时，发挥行业协会在涉农涉旅企业与政府间的沟通媒介作用，规范农业观光管理，保障利益群体的合法权益，促进行业可持续、有序发展。[①]

农业观光产业化的重要标志是带动能力不断增强，示范效应变得显著。围绕各区域农业观光资源优势和文化特质，吸引龙头企业将资金投向农业观光，合理规划建设农业观光产业基地和农产品园区。在休闲农业产业化推进中加强政府的引导与扶持，完善企业运作机制，建立龙头企业与农户间的利益分配互动机制，可以实现农户规模经营与大市场对接，可以提高农户参与农业观光产业发展的经营与竞争、合作能力，带动创意开发与农业观光产品和相关产品的互动。整合区域资源，打造农业观光精品路线可以提高区域农业观光品牌的成熟度。

四、优化各种产业组织模式

农业观光经营模式有多种，主要包括农户与农户的强强联合，企业和农户的联合，企业与社区和农户的联合，政府与企业、协会和旅行社的联合，政府与企业和农户的联合以及个体农庄等多样化的管理经营模式。某些经营策略由于不同经营主体之间利益纠葛、信息不对称、地位不对等、契约机制没有形成等历史问题，难以形成促进产业规模化、集约化发展的推进保障机制和农民增收的长效合作机制。经营主体在农业观光产业发展中发挥着各自的作用。首先，企业作为市场主体开发建设观光项目，有利于将市场经济的相关理念引入农业观光中，利用市场机制整合技术和资金的资源，推动农业观光的规模化、市场化发展。其次，农业基层组织是村民自治的群众性集体组织，比如村委会等是农村经济社会文化建设的核心，管理集体经济、协

[①] 王浩禹，王占成.乡村振兴背景下丹巴农业产业化发展现状及提升路径探讨[J].农村经济与科技，2020，31（3）：49—54.

调内外部关系，可发挥农村基层组织在公共权处置和利益冲突方面的融合作用。最后，合作社、行业协会等合作组织的建立，有利于解决农户单一和分散经营的难题，形成相对协调的利益分配格局。通过成立责任共担、利益共享的合作组织，可以约束经营者行为，维护公平而有序的市场经营秩序，形成良性和互动的协商机制，提高农业观光组织化的水平和程度。此外，鼓励农户参加农业发展过程，是保障其获得产业发展效益的前提因素。建立有效的农户参与机制需要发挥农户的创新性和创造性，这就需要做到在制定相关政策与规定时，在发展目标和效益监测与评估等方面，要积极听取当地农户的建议。让农户参与到农户观光与经营的收益分配中，鼓励农户从事农业观光的策划与经营。农业观光产业化组织模式的选择要符合产业集群的构成，主要体现在不同企业组织的经营行为或企业的联盟行为、产业组织模式的确定上。要重视企业或中介的作用，通过龙头企业或者组织与农户结成紧密型的利益共同体，对农户经营起到引导服务和扶持的作用。

第三节 农业观光产业集群化的推进路径

一、延伸农业观光产业链

农业观光的产业链是指在分工细化的基础之上，处于不同环节的企业以利益最大化为目标而培育的产业网络链条、基本结构，其产业链的构建与发展能提升传统农业生产与乡村环境的附加价值，实现农业文化价值的增值，有效促进人才、技术、资金等生产要素的合理流动，推进产业结构升级与农业观光产业化进程。从产业链的构成来看，它主要包括基础链、辅助链以及拓展链条。能源观光基础链指传统的农业生产过程及休闲服务的手段，它涵盖了与农产品的生产采摘与收获、加工和销售及农业生产与休闲服务的交互。辅助链涵盖了与农业观光产业经营相关联的企业，包括金融业、餐饮、零售业、建筑业、传媒业、物流业、交通运输业，拓展链则是指附加于农业观光之上的产业，例如医药美容产业、食品产业、会展业、文化创意业、生物工程产业、房地产产业等。从农业观光产业链发展延伸来看，一是纵向延伸，以农业观光产业化龙头企业、农民合作社等为主导，扩大种植养殖产业基地规模,加快农产品流通,推进农产品深加工,加强涉农公司与农户的合作,在产品的生产、流通、销售等环节,创新经营与组织方式。整合农业观光吃、住、行、购等环节的资源要素,加强经营主体间的合作,由此构建相对完整的产业体系。二是横向延伸,主要是加强农产品种植业加工、农业观光项目设计、餐饮服务业等的经营合作,整合相同区域内的优势自然资源要素形成功能衔接、优势互补、规模经营的集群产业,共同开发客流量,增强此类企业在区域范围内的核心竞争能力。通过相关产业链条的横向与纵向延展,在农业观光产业定位、技术研发、项目设计、服务支撑等环节,提高产业的竞争能力。[1]

二、积极推进关联产业集聚

首先,农业观光产业链的延伸促使大量微型企业在区域内不断集合,产业链条上的各节点都能促使众多存在竞争与合作关系的企业,利用区域内的特色农业观光资源和相关产品优势,延长产业链条,实现核心企业的集体化发展。有些农产品加工企业整合了生产、制作、包装各个环节的优势资源和高科技技术拓展产业链条的深度。其次,以农业观光产业链延伸作为核心元素,合理配置观光资源,发挥农业观光的产业联动作用,带动、推动与农业观光关联度较高的产业的发展。比如旅游业、农业、交通运输业、建筑业、医疗美容业、农产品加工等,促使存在竞争关系的相关企业供应商以及服务机构,在同一区域内进行聚集,并形成相互合作关系,由此构建相对稳定和持续竞争的利益共同体。

三、促进产业集群发展

农业观光产业集群是以农业观光项目开发为核心,整合产业链,集聚众多具有相互依存、互相补充的关联性公司和机构,构建相互促进的企业网络。各个区域以农业观光资源为核心,构建、整合各种产业资源,打通部门与地域壁垒,以农业观光产业链拓展与延伸为核心要件,吸引处于产业链上的众多企业和机构,在观光项目的开发聚集中,整合关联企业的各种优势条件,降低各个公司的基础行业成本。通过跨部门地区和区域的资本技术联

---

[1] 肖庆群.现代观光农业与休闲体育融合发展研究:评《现代观光农业建园与休闲旅游》[J].中国瓜菜,2022,35(1):19—23.

合，构建农业观光企业集团，集聚具有相对较强竞争力的公司联合生产，通过农业观光关联产业及配套产业的不断协调和推进，可培育相对完整的产业链条和具有持续竞争力的集群企业和公司，进一步推进农业观光产业发展。

第六章
农业观光与体育旅游产业融合研究

第六章　农业观光与体育旅游产业融合研究

第一节　观光农业中的休闲元素及具体特征分析

一、观光农业的基本特点

观光农业是以农业和农村作为发展的基本平台，在此基础上发展出来的新兴生产、生态旅游业态之一。由于全球农业的产业化进程提速，人们发现现代农业不仅仅是生产性的发展，它对于改善人们的居住环境和生活状态也有着很大的帮助，它还能为大众提供旅游、观光、休闲等多维产品。随着中国成为世界第二大经济体，人们的物质文化生活得到了极大的改善。人们开始向往更美好的生活，生产力的极大发展使人们身体劳作的强度开始下降，人们能够自由支配的时间开始增多。然而，大众的生活环境在工业化生产的背景之下被不断地破坏，紧张的生活节奏给人们带来了精神压力，大众开始越来越渴望不同寻常的旅游方式和自然生态的生活方式。人们希望在良好的自然环境当中放松心情、释放压力、陶冶情操，观光农业在这样的背景之下被创造出来。观光农业是在农村发展的环境中以农业生产为基础要件，为大众展示农业生产的产品和生产过程，让大众体验农业生产劳作的一种新型农业生产方式。观光农业的基本属性是把具有旅游价值的自然资源环境和自然生态环境作为发展的载体，向农村、农业旅游爱好者展现高新技术在农业当中的运用，让具有地域特色的农产品和原始的农业生产劳作方式展现在旅游者面前，或者是让旅游者亲身体验参与农产品整个生产的过程，这种体验在其他类型的旅游景区中无法体验到。他们通过体验自然农林风光和现代化的新型农业生产方式获得了不一样的生活体验。观光农业是农业结合旅游业融合发展而来的新型业态，它可以提升农民就业率，提高农民收益，增强城乡文化交流，缩小城乡之间的生产和收入差距，打破农村经济发展的瓶颈，提升农村经济水平，实现农村的可持续、健康发展。观光是指普通的欣赏和观看。观光与旅行的意义非常接近，它涵盖了旅游的休闲、观赏、健身、探险、娱乐等元素，但是无论是哪种农业观光项目的开发业态，都不能围绕单一项目进行开发，它只有与其他的旅游形式密切融合，比如体育旅游，形成良性发展的产业综合业态,才能够从本质上提升农业发展的活力,加快乡村振兴的步伐。

农业观光兼具农业生产和农村风貌以及旅游的基本属性。农业观光具有多维特点。第一,农业观光具有生产属性。农业观光是以农业和生产作为基本的载体和平台,具有农业生产的基本特征。农业观光生产出来的有机农产品和具有地域特点的农产品,可以满足大众对于高品位生活的基本需求,可为城市的人们提供绿色产品和特色农产品以及农耕体验,满足人们对于物质和文化的多层需求。第二,观光农业具有观赏性。农业观光的观赏性主要指的是通过种植农作物、花草、树木以及饲养的动物等,让游人观赏,使游客体验大自然的魅力和自然界的神奇。第三,农业观光还具有娱乐性。农业观光的娱乐性指通过种植的作物、养殖区、游客玩乐场所为游客提供欣赏和娱乐的平台。第四,农业观光具有参与体验性。农业观光的参与性是让农村农业旅游爱好者在农业生产和经营活动中亲自参与到农业生产过程中,让他们体验到农业生产行为和原始的生产方式,给他们带来不一样的乐趣和体验感。第五,农业观光具有文化性。农业观光中的每一种动物和植物都具有自己的发展历程和历史,并随着人类社会的发展而不断发展。利用这些有趣的文化知识设计出种类繁多的观光游览项目,可以让游客更多地了解自然界的知识和农业生产及农产品的相关知识。第六,农业观光具有市场性。农业观光针对的人群是那些对于农业不了解,而且对农村的自然环境比较向往的城市白领或城市工作人群。农业观光的开发者和经营者必须根据所在的地理位置,有针对性、有创新地结合实际条件,按季节性特点来开发观光旅游项目,尽量减少投资,降低风险,扩大自身的利润率,并创造出具有创新性和娱乐性的产品,吸引更多的城市白领投身到农村的自然环境和农耕体验之中。

二、农业观光中的体育旅游元素

(一)农业观光中的体育旅游元素

21世纪,随着人类社会物质文明和精神文明的不断推进,人们获得的余暇时间开始增多。具有提升自我、休闲娱乐、提升生活质量等价值的体育旅游和农业观光项目,逐渐成为现代人不可缺少的生活调剂和生活方式。人们休闲活动的选择已经开始转移到使人身心愉悦、接近自然的体育项目和农

第六章　农业观光与体育旅游产业融合研究

业生产方式上。农业观光与体育旅游的组合更加具备独特优势，更具魅力。农业观光中的体育旅游是在农业观光基础上发展起来的，是为了增加农业观光的趣味性、娱乐性、体验性而形成的融合式旅游发展业态。[①] 它能够提升农业观光旅游当中游客的体验感。一些地区把体育旅游的项目融入农业观光，并结合农业观光园区相应地理环境的改造和创新，开发出农业观光和体育旅游相互融合、具有吸引力的景区项目。

（二）农业观光中体育旅游的特点

农业观光中的体育旅游，从整体属性来说还是属于体育旅游的范畴，但是它与一般的体育旅游有一定的差别。它与其他体育旅游形式的不同表现在以下两个方面：其一，它与农业的结合度相对较大。农业观光与体育旅游的发展形成于农业观光的基础之上，因此农业观光和体育旅游的业态融合与农业的结合相对比较紧密。其二，项目开发具有局限性。由于农业观光中体育旅游与农业生产生活的关系非常密切，这就注定了在开发项目时，必须考虑农业与体育的相互融合及融合的合适程度，因此这会导致很多项目由于两者之间结合的条件限制而增大难度。

第二节　国内农村体育旅游与观光农业融合模式

一、"传统农业＋休闲体育"模式

我国农村旅游发展模式多元，有农户个体模式、"农户＋农户"联合经营模式、"企业运营＋居民参与"模式。[②] 他们将投资较小的体育旅游活动融入传统旅游中，增加趣味性，如垂钓、游泳、攀岩等。例如，浙江温州大罗山健身步道将沿途景观和农家乐融合，发展健康经济。

---

① 杨萌.乡村振兴视域下农业产业化发展创新策略探析[J].智慧农业导刊，2022，2（1）：38—43.

② 蒯兴望.农村社区参与乡村旅游发展模式研究[J].农业经济，2016，36（3）：75—76.

二、"节庆农业+体育旅游"模式

节庆活动以其独特内涵和表演形式吸引游客。[①] 如各地举办新春庙会、龙舟竞渡、那达慕大会等，届时有大量观众观看。在传统节庆期间开展体育旅游是农村旅游的重要方式。例如，湖南岳阳国际龙舟赛将竞渡、农业相结合，每年吸引上万游客前往观光。

三、"景区农业+体育探索"模式

许多风景优美、生态环境良好的景区会专门为旅游爱好者开辟农村基地。[②] 旅游爱好者对产品有见解，若得到认可，可形成口碑。例如，桂林马山县小镇以山地、洞穴为资源路径，挖掘"山水"自然条件，举办山地马拉松等，将三甲屯打造成运动、农业融合的小镇。

四、"自然农业+体育赛事"模式

农村地区是体育旅游资源富集区，适合开展多种体育旅游赛事，扩大影响，吸引游客。[③] 例如，婺源乡村游，婺源立足生态文化，打造"全域旅游、最美农村"，构建了"农业+体育"发展路径，先后举办了三届"中国最美农村"杯气排球赛，徒步赛，门球、地掷球赛等吸引游客。

[①] 冯文昌，邵凯.情境与根源：社会互动中的体育旅游冲突行为研究[J].沈阳体育学院学报，2020，39（3）：116—122.

[②] 曹庆荣，齐立斌.农村休闲体育资源开发的产业链与生态链耦合模式：基于体育资源嵌入农业观光视角[J].成都体育学院学报，2017，43（4）：39—45.

[③] 黄鹏，马学智，张成明.新时代我国乡村体育旅游可持续发展研究[J].体育文化导刊，2020，38（3）：19—23.

第六章　农业观光与体育旅游产业融合研究

第三节　国外农业观光与体育旅游产业融合借鉴

一、国外农业观光中体育旅游的发展进程及特征

（一）国外农业观光中体育旅游的发展进程

了解和研判国外农业观光与体育旅游融合的发展业态，可为我国农业观光与体育旅游融合发展提供前车之鉴。由于各个国家的基本国情有很大的差异，农业发展的业态也纷繁复杂，我们在发展时应该对已经发展成熟的经营模式进行甄别，探索出具有中国特色的农业观光和体育旅游融合发展模式。农业观光与体育旅游融合发展的时间相对比较长。19世纪50年代开始，欧洲有些国家的农业观光开始以乡村旅游的形式出现，并且在旅游形式当中开始出现体育旅游项目。20世纪30年代是欧洲的农业观光快速与体育旅游融合的发展时期，世界其他旅游发达国家也纷纷开始学习此融合交互发展模式。到了20世纪70年代之后，随着全世界的政治氛围开始变得缓和，各个主要国家开始大力发展经济，并且取得了良好的效果。农业观光和体育旅游的融合发展也获得了前所未有的内外部发展环境。农业观光和体育旅游从萌芽到不断发展壮大到最后成熟，中间出现了很多交互融合发展的模式。这些模式主要是以家庭度假农场、农业观摩园、度假小农庄、乡村民俗馆、农业生产和体验公园、生态农业园区等形式出现。在实际的创新、投资、计划、建设和实施中，往往结合了当地区域内的文化特质和地理优势等条件，最后形成了独具特色、丰富多彩的产品业态。到了21世纪初，随着农业观光的多样化和多维度的创新，结合市场的具体需求，有人将体育旅游和农业观光的模式进一步创新，为其进一步发展提供了新兴发展模式。农业观光与体育旅游相结合的发展模式，进入了一个全新的发展时期，其融合发展进入了发展的快车道。

（二）国外农业观光中体育旅游的发展特征

国外农业观光中融入体育旅游的发展模式具有一些基本特征。首先，这些发展形式往往具有当地文化特色，以这些具有文化特色的庄园，或者观光农场为基础，来发展农业观光与体育旅游综合发展的业态。国外对农业观光

与体育旅游的融合交互发展非常重视，出台了很多与之相关的政策和法规，来规范和鼓励农户积极发展农业观光与体育旅游的交互发展形式。这些相关的法律法规和扶持政策一般包括土地政策、开发政策、资金扶持政策以及专业化人才培养机制等。国外农业观光和体育旅游相融合业态的主要客源是受教育水平相对较高、经济条件相对较好的城市人群。这种农业观光与体育旅游相互融合的业态，融参与、欣赏、购物、游玩等内容为一体，它的创新往往具有丰富多彩的内容元素。

二、农业观光与体育旅游产业融合阶段划分

（一）萌芽阶段

农业观光与体育旅游在萌芽阶段还没有明确的融合概念。在乡村的观光游览层面，只是有钱有闲的人们在闲暇时间进行娱乐和放松身心的一种方式而已。这种融合方式没有专业和专门的区域，只是属于旅游业中融合发展的项目。其主要的模式就是城市中的白领到农村去体验生活，调剂平时紧张的工作节奏和工作压力。他们往往在农户家里吃饭、住农家院，亲身体验农民生产等劳动过程。这种旅行的过程往往没有专业的设备设施及专业和精细化的服务。乡村旅游爱好者往往在农户家里食宿，或者在农村的田野中搭建帐篷，进行野营的体验。在此阶段，由于没有专业的人对这些旅游形式进行系统化、专业化的精细管理，农民在这一阶段还没有通过旅游的形式来获取收益，只是偶尔或者是零星地收取游客的食宿费用，所有的这些行为都是自发的、零散的和不系统的旅游行为。

（二）观光阶段

20世纪中后期的农业观光开始进入快速发展时期，游客的观光已经不再局限于对当地自然风貌的欣赏，而是出现了很多具有观光功能的农业观光园区。在这些园区里往往有农民种植好的农作物、经济作物、家禽等，并且在这些农作物和家禽等产业的旁边，往往会有一些根据当地的实际情况开发出来的体育旅游项目。这一阶段的农业观光主要是以乡村旅游为主，并相应地开发了体育旅游、购物、休闲、食宿和能力拓展等多种旅游形式。在此阶段，农业观光园区、观光牧场以及企业能力拓展园，是此阶段融合业态的主要发展形式。

第六章 农业观光与体育旅游产业融合研究

（三）度假阶段

到了 20 世纪 80 年代，人们外出旅游不再满足于观光，此时人们的需求开始发生一定的变化。人们希望通过这种形式寻求到更加具有体验感、刺激性和参与度的融合旅游业态。此时农业观光与体育旅游融合发展的模式满足了市场的基本需求，也相应地改变了刚开始单纯的观光性质。在这个阶段，农业观光园中开始开发大量供娱乐和度假以及体验的体育项目。体育项目具有天然的优势，具有参与性、刺激性、娱乐性等基本特征，这既满足了城市白领放松身心、调节生活等基础性需求，也满足了他们进行锻炼的需求。此时，农业观光园中开始出现一些具有休闲和刺激性的体育项目，这些项目涵盖了远足、攀岩、登山和能力拓展等。

三、典型国家农业观光中体育旅游的发展

（一）意大利

19 世纪 30 年代欧洲就已开始农业旅游，当时没有提出体育旅游概念，其仅从属于旅游业，作为观光项目，意大利观光农业发展迅速，很快成为观光农业最发达的区域。20 世纪中期，观光农业有了长足进步，观光农业加入了让游客吃农家饭、干农活等农事体验，如鱼塘抓鱼等。20 世纪 60 年代以后，观光农业已在旅游业中占很大比重，收入占到整个旅游业收入的 30%。意大利的农业观光旅游，已经开始注重结合体育旅游元素发展。农业旅游通常是指游客前往农村地区参观农业生产过程、品尝当地美食、体验农民生活等，而体育旅游则是指游客前往参加或观看各种体育比赛、锻炼身体等。在意大利，农业观光和体育旅游的结合形式多种多样。例如，游客可以参加在农场举办的骑马、划船、自行车等户外运动活动，或者在葡萄园里进行瑜伽、普拉提等健身活动。此外，一些农场还会举办足球、篮球等球类比赛，吸引游客前来观看或参与。值得一提的是，意大利的自行车旅游盛行，游客可以选择在农村地区进行自行车旅游，欣赏美丽的自然风光，感受自然的魅力。此外，一些地区还会举办自行车比赛等活动，吸引更多的自行车爱好者前来参加。总之，意大利的农业观光中结合体育旅游元素的发展，为游客提供了更加多元化、丰富多彩的旅游体验，也促进了农业观光旅游的发展。

（二）印度尼西亚

从印度尼西亚的彭廷萨里村、昂格朗格兰村和蓬里普兰村这三处农村旅游点来看，昂格朗格兰村主要运用阿皮山景区作为体育旅游和农业观光的承载，三处景点倡导的是贴近农业生活，健身健心强体，突出土著特色，建设友好环境。它们重视开发而忽略市场分析。理论研究的主要内容是资源分类合理性、产业开发现实性、体育项目适用性、效益增长全面性等内容，为乡村体育旅游和农业观光发展提供了依据，但缺少深度市场分析、创新产品开发等研究，融合产品往往耗时耗力，并不受消费者欢迎。

印度尼西亚是一个拥有丰富自然资源和文化遗产的国家，其农业观光业也不断发展壮大。而体育旅游则是一种与农业结合的旅游形式，通过体育活动来感受当地的自然、文化和生活方式。

印度尼西亚的主要体育活动包括足球、篮球、羽毛球、乒乓球、马球、高尔夫球、潜水等。这些活动都可以融入农业观光中，例如在农庄举办足球比赛、在田野中打羽毛球、在海滩上潜水等。

此外，印度尼西亚的农业观光旅游还结合当地的传统体育活动，例如竹筏比赛、骆驼赛、象棋比赛等，让游客更深入地了解印度尼西亚的文化和历史。

体育旅游不仅可以丰富农业观光的内容，更可以提升游客的参与感和体验感。通过参与体育活动，游客可以与当地居民互动，了解当地文化，感受自然环境，从而增加旅行的乐趣和收获。

总之，体育旅游是一种有趣而且具有吸引力的旅游形式，可以为印度尼西亚农业观光业带来新的发展机遇。

（三）西班牙

19世纪60年代初，作为知名旅游业大国，西班牙政府建立了"帕莱多国营客栈"，政府把路边城堡和农场改造成饭店，客源主要为过往游客，通过资源整合，吸引了大批旅游爱好者。在体育旅游和农业观光活动中，观光农业社区内设多种休闲项目，如垂钓、登山、漂流、划船等，通过各种方式吸引游客。很多具有体育项目和农业观光元素的旅游形式开始得到进一步的开发，比如很多农业观光地区开始与垂钓、漂流、登山、划船、攀岩等项目进一步融合。政府在高校内开始设计和规划与农业观光和体育旅游相关的专业和学科，开始专业化培养相关人才。农业农村旅游爱好者可以在周末或者

第六章 农业观光与体育旅游产业融合研究

节假日驾驶自己的私家车前往相对较近的农场,放松身心,调剂生活。

西班牙农业观光中的体育旅游是一种非常流行的旅游方式,特别是在夏季和秋季。相对于其他季节,这两个季节的气候较为适宜,游客可以在体验农业活动的同时参加各种户外运动。

在西班牙,许多农家乐提供自行车、徒步旅行和骑马等各种体育活动。在乡间小路上骑自行车或漫步,可以欣赏到美丽的景色,还可以闻到新鲜的田园气息。

此外,西班牙还有很多河流、湖泊和海岸线,提供了丰富的水上运动选择,比如皮划艇、帆船和冲浪等。这些水上运动都可以在农家乐中找到,游客可以在真实的环境中进行一次刺激和充满乐趣的体验。

可见,西班牙农业观光中的体育旅游是一种精彩多姿的旅游方式。在这里,游客们可以通过各种户外运动,感受自然和乡村风光的美丽。

(四)美国

由于美国农村地多人少,政府支持开办观光农场,解决了劳动力短缺的问题。美国政府在政策和执行层面上大力扶持农业观光与体育旅游的融合交互发展。仅仅在东北部这一区域观光农场就达到1500多家,每年至少有1000万的游客前往观光区域进行度假和放松。观光农场为游客设置了亲自参与农业生产过程和采摘瓜果等农业观光项目,并且在园区推出了独具特色的体育旅游项目和绿色食品展示。另外,也融入了乡村音乐会以及垂钓比赛等具有娱乐性和挑战性的项目。各农场为游客设置采摘蔬菜的体验活动,以及音乐会、破冰垂钓、绿道攀登等。在园区进行农产品的销售,拉动了经济发展,也对城市与农村人口流动和交流大有裨益。当然,为推动这种融合形式发展,政府也制定了相对严格的法律法规来规范其运作的流畅性。比如农业观光和体育旅游的融合业态区域必须设立流动的厕所,提供干净的饮用水,在露天的公共场所必须有消毒设施。

美国农业观光中的体育旅游包括以下活动:

(1)骑马:美国有许多广阔的草原和农场,骑马是体验农业观光的绝佳方式之一。

(2)快艇农场之旅:位于佛罗里达州的某些农场提供快艇之旅,游客可以乘坐快艇探索周围的水域和农场。

(3)自行车或步行旅游:一些农场提供自行车或步行旅游,让游客可以欣赏美丽的景色，体验农场日常工作，了解当地的农业和生态系统。

（4）飞行体验：有些农场提供直升机或热气球游览，游客可以鸟瞰美丽的农村景致。

（5）高尔夫球：农业观光场也经常设有高尔夫球场，可以让游客边打球边欣赏美景。

以上是美国农业观光中的体育旅游活动的一些选择，当然还有其他更多选择，取决于不同地区的气候和农业观光的特色。

（五）法国

法国人民在紧张工作后有种植蔬菜的传统。20世纪70年代以来，随着五天工作制的实行，工人开始到农村体验农村生活，城市居民在闲暇时间到远离尘嚣的郊区或农村放松心情、体验生活。法国农村有种植的葡萄园以及酿造葡萄酒的专业作坊，游客可通过旅游，在酿造葡萄酒的作坊参观和在工人指导下体验酿造葡萄酒。

法国人民在业余时间往往有种植蔬菜的农业体验活动，他们的这种传统可追溯到百年前，那时就已有相当规模的此类活动，并已开发出相对规范的业态。到了20世纪70年代，五天工作制开始在全国范围内大面积实行，很多工人开始在业余时间进行种植的农业体验。很多城市居民在闲暇时间会到远离城市的乡村去体验生活。很多城市居民发展出了种菜的爱好，并且纷纷在乡村建立起自己的第二居住地。在法国，农业观光和体育旅游的主要形式有三种，即传统型、都市型和度假型。传统型的农业观光和体育旅游主要是为游客展示所不熟知的农业生产过程以及体育旅游项目。例如法国的葡萄种植园主要通过酿酒过程的展示，让农业农村体育旅游爱好者体验到一些他们平常没有接触到的农业生产过程。都市型农业观光爱好者主要是到郊区建立的小型农场或者农业公园内欣赏珍稀动物和珍贵的苗木。度假型农业观光主要是对果园、牧场、森林等地加以改良和开发，吸引游客在闲暇时间去放松身心。在度假区里还会开设一些户外的体育旅游项目，比如远足、垂钓、野战登山等，使游客在感受体育项目的同时，体验到别具特色的田园风光。

法国是一个融合了美食、美景、文化和艺术的国家，同时也是世界知名的农业国家。在法国农业观光中，除了体验传统的农业生产和品尝精美的本地食品外，还可以结合体育旅游，探索法国独特的自然和文化。以下是法国农业观光中的体育旅游活动推荐：

（1）自行车旅行：在法国乡村骑自行车，沿途欣赏美景，探索葡萄园、橄榄园、薰衣草田等农业景观，品尝最新鲜的本地葡萄酒和食物。

（2）徒步旅行：在阿尔卑斯山、比利牛斯山等自然保护区徒步旅行，感受大自然的美妙，欣赏其色彩缤纷的山脉和峡谷，探索这里的传统农业文化。

（3）滑雪和滑冰：在阿尔卑斯山区和比利牛斯山区，参加世界级别的滑雪和滑冰活动，同时可以探索当地的葡萄园、果树园和桑园景观。

（4）登山和攀岩：在法国的圣特罗佩和普罗旺斯地区，可以体验登山和攀岩活动，欣赏这里优美的自然环境，探索当地的农业景观。

（5）水上活动：在南部的蓝色海岸区，可以参加帆船、冲浪、潜水等水上运动，享受阳光、海浪和海滩的美好，同时探索这里的农业文化。

四、国外农业观光中体育旅游开发启示

（一）开发的项目要适应市场需求

需求是一切商业行为思考的落脚点和出发点。如果不探求体育旅游与农业观光项目市场的真正需求，那么所投资和创新的项目就会受到损失，投入的资金就会打水漂。因此，这种融合项目要结合市场的真正需求以及当地的资源现状，而且在开发中要不断创新，形成具备长期性和稳定性的项目，并确定其最终的发展方向以及特色模式。在融合发展中，要遵循市场规律，并深入调查、分析、研判，开发出具有创新性、挑战性、趣味性、参与性、娱乐性的综合融合项目。项目的开展还必须与本地的特色资源和文化特色以及民俗文化紧密结合，只有这样才能够开发出适应市场需求以及符合未来发展趋势的体育旅游和农业观光的市场产品，为体育旅游爱好者服务。

（二）完善精细化服务体系

当所有的硬件设施和条件完善之后，决定创新性项目成功与否的关键在于精细化服务。精细化服务体系的构建需要从硬件和软件两方面着手，硬件指基础设施建设，而软件指精细化服务体系的构建。农业观光与体育旅游相互融合的业态，必须重视自身服务化体系的精准构建。只有提升精细化服务的意识和能力，才能在后续旅游竞争市场中占据有利地位。必须构建专门化经营服务团队，对服务水平、管理模式进行自我监督并不断反馈，借鉴其

他行业中成熟的服务模式，并不断将其融合到自身业态中。同时，在完善服务体系的同时，还必须重视与其他企业或者公司的进一步合作，降低服务成本，提高服务质量。

（三）争取政策扶持

争取政府在观光园区的规划方面给予重视和指导。农业观光体育项目的发展并不是自发形成的，它需要政策的引导和支持，更需要通过政府制定许多对农业观光及体育旅游有利的引导性政策并进行帮扶，才有可能进入良性和健康的发展轨道。在休闲文化的大背景之下，农业观光与体育旅游产业相互交融的业态才有发展的基础和平台。在良性政策法规的支持和引导下，在相关的景观和自然生态中融入体育旅游项目，人们在闲暇时间可体验到体育运动和田园农业观光等交互活动。

（四）构建适合农业观光与体育旅游的服务体系

目前，我国的农业观光与体育旅游相互融合的模式处在相对封闭的发展模式之中，没有进行规模化和集约化的改造和升级。由于某些农业观光园和体育旅游相互融合的项目往往是由农户自发性改良，他们的思想往往与现在农业观光园的发展理念有冲突，并不能满足农业观光与体育旅游相互融合中游客的精细化心理需求。融合业态必须根据本区域内经济发展水平和相应的产品质量来进行定价。要提高产品质量，就必须大力发展人力资源管理，培训具有专业技能的高素质人才，提升精细化服务质量，创造出属于本地文化特质、具有口碑的品牌，用品牌效应来吸引更多客源到此地进行消费。我们还可以与其他产业进行交互，拓展融合和促进的发展渠道，实现各行业间的融通和全方位发展。

（五）建立农业观光与体育旅游网站

建设具有特色的农业观光和体育旅游相互融合的网站，也是进行自我宣传的重要途径，可以此来吸引更多客源。同时，我们还可以将网站的内容和形式进一步拓展，结合直播进行宣传。在进行宣传的过程中，要突出自身的特色，不能千篇一律，要把独具特色的体育旅游和农业观光产品推送给特定的旅游消费人群。对于网站的建设，要请专业的人进行设计和实施，打造独具特色的网页内容和风格，为游客提供真实且有效的信息。

第六章 农业观光与体育旅游产业融合研究

第四节 我国农业观光与体育旅游交互优势与路径

一、我国农业观光与体育旅游交互优势

(一) 我国发展农业观光与体育旅游交互的地理优势

在我国约960万平方千米的土地上，有种类繁多的江河湖海以及各种类型和风格的城市和农村，它们共同形成了各具特色的农业观光与体育旅游的发展类型。南方的农业观光特色是热带的奇珍异木，在北方则分布着广阔的林海雪原，东部沿海有休闲度假村，西部拥有草原、沙漠等独具特色的景观，这些独具特色的自然资源和景观，为各地开发独具特色的农业观光与体育旅游的交融业态提供了发展的平台和载体。我国繁多的湖泊和森林自然资源，为农业观光和体育旅游提供了基础的自然资源条件。除此之外，我国还完成了大量的人工造林和森林修复项目。我国的海域面积较大，可以开展划船、旅游、沙滩排球、冲浪等一系列活动。在东部沿海以及南方城市，由于地理位置等自然优势，冲浪、沙滩排球、赛龙舟等体育旅游项目开展的自然条件非常优越。在西部草原以及北方，融合得比较好的体育旅游项目主要有攀岩、滑草、滑雪、徒步旅游，这些项目极大地丰富了体育旅游和农业观光发展的内容元素。各个地区根据自己自然条件的优势元素，开发出了独具特色的体育旅游项目和农业观光发展业态。农业观光与体育旅游的结合，使得地理资源和自然资源得到了最优化的融入。这为农业观光和体育旅游发展的良性融合，找到了新的发展思路和发展路径。

(二) 我国发展农业观光与体育旅游交互的基础优势

我国不仅是人口大国，而且是农业发展大国，我国发展农业观光与体育旅游融合的业态前景非常广阔。首先，我国的农业发展可以追溯到数千年之前，我们依靠古代农业文明和现代文明的相互融合，可以为其良性的发展提供实践的基础和平台。其次，我国城市化进程不断加速，城市的生活节奏不断加快，进入新时代后，人们的节假日和闲暇时间在不断增加，这使得人们的旅游意愿不断提升。此外，由于对美好生活的向往，人们的旅游观念也

发生了变化，人们不再满足于对自然遗迹以及相关自然风光进行观赏，他们向往城市近郊那些独具特色和田园风光的休闲项目。最后，人们在传统的旅游项目中往往体验到的是游览乐趣，这种传统的旅游方式往往没有体验感和刺激感。现在的人们往往想让旅行变得更加休闲和刺激，并具有体验性和趣味性。体育旅游项目是人们在生产、生活中衍生出来的以身体为媒介的自然活动，它具有健身、娱乐、休闲、挑战等多维价值。在我国原始狩猎活动中，就有农业观光和体育旅游的具体元素。很多的体育旅游项目都是在人们生产生活当中慢慢衍生和剥离出来的。比如攀岩，它是人们在生产活动中必须用到的一项技能。后来随着生产力的发展，攀岩开始变为一项休闲和锻炼的项目。农业生产自古以来就是我国的主要生产业态之一，农业生产与人们的生产生活和娱乐活动密切相关。在此背景之下，农业观光与体育旅游的交融业态发展潜力巨大，前景非常广阔。

（三）我国发展农业观光与体育旅游交互的政策优势

我国政府发布的关于落实新发展理念，加快农业现代化，实现全面小康的若干意见中明确指出，我们要以农村的自然风光和文化特质以及民俗文化作为优势发展元素，在农村地区大力发展与休闲度假、观光旅游、体育相关的交互业态，以此来促进农村的全面振兴，促进其经济的发展和农民增产增收。2014年全民健身计划的相关文件明确提出，国家和人民对体育的重视程度要进一步提升，要加大健身旅游休闲项目的发展力度，对人民群众喜爱的体育旅游项目要加大推广力度，根据不同人群的健身需要创新出具有人文特色和民俗文化特色的交融旅游项目。2019年，《国务院关于实施健康中国行动的意见》中明确指出，要推动体育强国的构建，国家体育总局与财政部将设立体育产业投资的专项基金。多项政策利好在不断推动我国体育产业和体育旅游的发展。我国政府对于农业生产和相关业态非常重视，一系列文件的出台体现了政府对农业生产和相关业态的不断摸索和政策引导。农业观光和体育旅游的交叉融合业态，具备了政府支持和理念引导的各方有利条件，这为我国农业观光和体育旅游相关业态的发展起到了政策支持的作用。由此看来，我国农业观光和体育旅游的交叉融合具有良好的基础。

第六章　农业观光与体育旅游产业融合研究

二、我国农业观光与体育旅游交互发展路径

（一）明确的自身定位

在体育旅游和农业观光项目的发展规划中，要寻找到自身的市场定位。这个项目主要是针对什么样的人群和爱好者，这个项目主要是针对什么样消费层次的人群，这都必须在项目规划之前做好精准定位。每个农业农村旅游爱好者都有着自己不同的心理需求。在农业观光与体育旅游相互融合的过程中，体育旅游项目的开发应该最大限度地满足体育旅游和农业观光爱好者的心理需求。在项目开发之前，我们要考虑好此项目是针对少年儿童还是其他的体育旅游爱好者，这需要在市场调研后进行研判，在开发之前必须对相应的客源进行精细化的调查和分析。然后根据资源特色和优势，确定好主打项目和主题项目，并以此来形成品牌和集聚效应，吸引相应的客源前来消费。

（二）缜密的市场论证

在农业观光和体育旅游相关项目的投资和创新改良过程中，需要对项目的资源特色和优势元素以及整体布局进行深度的市场调查和相关的可行性论证，请专家进行多方位的研判。在项目的论证中，应该根据自身的地理区域位置和文化特质元素，因地制宜，突出自身的自然元素优势，进行深度的市场调查和小范围的样本实验，对潜在的客源市场进行深度的访谈和研究，所有这些还必须制订科学合理的规划。园区体育旅游相关项目的开展不能脱离农业观光的本质特征和属性，要将两者紧密结合起来，而不能单纯为了融合而融合，两者之间没有太多的关联，就会出现两者融合中的项目结合不紧密的问题。

（三）科学的创新开发

很多区域现有的农业观光和体育旅游融合项目相对还比较单薄，发展模式还比较单调。我们应该根据旅游爱好者喜欢的新奇有趣的事物去开发融合发展项目。我们在开发体育旅游和农业观光相互融合的业态时，必须把农业观光的自然元素和体育项目的体验感与运动性相互融合。我们可以对竞技体育项目的相应规则进行改良，将其改良成适合在园区和农业观光区域开展的活动，开发出可以在农业观光园区进行并有一定的参与性、刺激性和挑战性的体育项目,充分利用我国各区域的自然资源优势,开发出具有一定吸引力和挑战性的融合项目。比如,我们可以在农业旅游的相关场所融入具有农耕元素的体育项目,并且在周围的设施和环境中融入农耕元素,使体育旅游和农业观光的两种业态无缝对接。

(四)鲜明的项目特色

每个农业农村旅游爱好者都有自身的深层次心理需求,农业观光和体育旅游的融合项目,应该最大限度地满足这些游客的深层次心理需求,针对不同年龄段的人群开发出独具特色的项目。我们在开发中应该深度挖掘当地的文化特质和自然资源要素,创新出具有当地文化特质和地域特色的交叉融合项目。我们可以在自然环境非常优美的农业观光园中,融入一些体育运动项目。它是一种健康、科学、文明的生活方式。这种交叉融合的方式,对于提高生活质量、提升自我幸福感和挑战能力具有很大的作用。例如,我们可以在农业趣味运动会当中融入农业观光的元素,在农业观光园中广泛推广具有农耕元素的体育旅游项目,这对于提升园区的经济效益促进园区的长远发展大有裨益。这种形式有利于两者的交叉融合,有利于园区的创收,有利于提高附近农民的收益,这对乡村振兴和农业、农村、农民的发展具有重要意义。

(五)完善的基础设施

要在农业观光与体育旅游融合的园区,加大基础设施的建设力度,这是实现产业融合的基础条件。在基础条件建设过程中,要对园区内的道路进行优化,并建设园区内的相应精细化服务。对安全设施要严格把关,避免因设备的缺陷而导致安全事故。另外,园区还应该建设有公共厕所和其他休息设施以及相应的商业配套设施,最大限度地满足乡村旅游爱好者的多样化、多层次和相对细化的心理需求。

(六)开发的淡季项目

在农事生产的淡季开发具有吸引力的旅游项目,一方面能够避免在农忙时节进行相关产品的开发,另一方面也能够极大地增加农民的就业渠道和利润的来源。通过开发淡季旅游项目,可以树立起具有特色的品牌,提高整个园区的收益。在北方,冬天可以开发反季节大棚种植和水果采摘以及滑冰和滑雪项目,以满足乡村旅游爱好者的多维、多层次的心理需求。在农闲的时

候，南方可以开发一些数字拓展项目。

（七）现代化的营销手段

农业观光与体育旅游的融合，要与其他产业进行合作与交流，扩大自身的产业规模以及产业的融合程度。旅游业最开始往往是简单的吃、住、购、赏等基础的旅游行为。随着人们生活水平的提升，越来越多收入较高的人群开始有更多的心理需求。我国农业观光与体育旅游的结合形式是最新的产业融合业态之一，它需要采用创新型思维方式进行不断完善。营销的手段也不能仅仅局限于通过卖门票或者出售农家的特色农产品，要实现其创新发展就要建立专门的营销平台与网络直播销售载体，把生产出来的绿色、无公害的有机农产品经过改良和包装以后，销售给热爱自然、崇尚健康生活方式的人群。其进一步发展需要与当地的文化特质紧密结合，并通过媒体的宣传以及与知名电商和直播平台的深度合作，最终把自己的创新型产品推广到全国各地，甚至是全世界。

（八）争取政府的支持

农业观光与体育旅游的融合离不开政府政策的引导和支持，政府应该在农业观光和体育旅游的开发过程中，注重合理性引导，给予政策支持，要制定与之相关的法律法规并设置此行业的准入门槛。但是，在开发中不得以牺牲环境作为代价来提高收益，切实保证此行业的可持续发展。生态性是农业观光的基本属性。发展农业观光的前提是保证生态的可承受性以及对环境的保护。在开发农业和体育旅游资源的同时，应该加大对乡土文化资源的保护与创新力度，将资源进行深度优化和最大限度的利用，既切实保证农民增产增收，又保证自然资源的合理利用。总之，随着我国经济实力的提升，人民生活水平日益改善，大家的休闲时间会越来越多，广大城市白领对农村乡土气息总是带有向往的情感。农业观光和体育旅游的融合有助于提高我国农民群体的生活质量和幸福指数，有利于解决现在非常棘手的问题，即乡村振兴问题，有助于我国产业结构的进一步优化，促进我国经济结构的转型和优化。我国农业观光与体育旅游的发展有着得天独厚的社会、经济、文化、政治、地理优势，有着非常大的发展潜力，只要将两者的生产业态进行合理的整合和开发，实现其可持续发展指日可待。然而，我国农业观光与体育旅游的发展还刚刚起步，同时我国的国情和其他国家还有一定的差异性。对于国外发展相对成熟的体育旅游与农业观光业态，我们还没有摸清楚它们的发展轨迹和本质。对于国外发展得较好的模式，我们应该借鉴其精华，汲取它们优秀的元素，融入我国民族传统文化，最终建立起适合我国国情和民情的业态。根据目前对农业观光和体育旅游发展业态的研究，可以发现我国目前还存在较多问题。首先是科研，我们还停留在浅层，并没有对生产的问题做到准确地把握，未进行比较透彻的实质性的实证研究。我们要建立起科学客观、可持续发展的模式，还需要进行更深层次的科学理论研究和论证。由于我国的传统文化受儒家思想的影响非常深远，我们的整体的文化背景还停留在静态养生的休闲模式，对于很多动态的休闲运动方式，还没有从根本上和骨子里接受。由此可见，提高我国民众对于休闲旅游业态的认知和兴趣，是发展农业观光与体育旅游融合发展的非常重要的方向。我们首先必须在可持续发展理念的引导之下，以不损害千秋万代的具体利益为基本前提，在全面建设高品质社会形态的背景之下，对农业观光和体育旅游进行深层次的把握。如今大众在休闲的价值观念等方面还存在诸多的问题，我们要把农业观光和体育旅游进行合理的整合和优化，还需要从多个维度进行努力。

（九）提高从业人员的素养

在产业旅游推进中，必须提高从业人员的素质。大部分旅游爱好者在进行农业观光与体育旅游体验时，不仅想获得身心愉悦的体验，还想获得健康的体魄，更想得到独特的旅行体验。农业观光与体育旅游结合的旅游业态需要高素质人才。然而，当前其工作人员往往是当地农民，他们的综合素质不高，这对进一步推进融合旅游是不利的。除了体育旅游与农业观光的相关企业要对从业人员进行严格把关外，还需要在工作中对相关的人员进行培训。同时，企业和公司可与当地高校进行合作，邀请学校有关专业老师，对企业员工进行礼仪和素养培训。职业院校和高等院校可以根据市场人才的需求，在课程中设置与农业旅游相关的学科和课程，在人才培养中注重学生农业相关技能和体育旅游相关业务的培养。这些都为农业观光与体育旅游融合业态的可持续发展提供了智力支持和人才保证。

第七章
体育旅游与农业观光产业交互的实践创新

第七章　体育旅游与农业观光产业交互的实践创新

第一节　农村体育旅游资源开发的实践创新

一、农村体育旅游资源开发生态链耦合背景

从 20 世纪 80 年代开始，中国把环境保护和可持续发展作为未来很长一段时间内经济发展和产业结构调整的基本理念和发展方向。特别是在 90 年代初，国家提出了可持续发展战略。可持续发展战略的核心是进行污染预防和环境优化，并积极重建和修复受损害的生态环境系统。后来又提出了要建设节约能源资源和保护环境的产业结构的基本理念，试图通过产业调整来解决开发中的环境污染和生态破坏问题。基于此，体育旅游和农业观光的融合式发展获得了前所未有的发展机遇。后续的发展提出了建设美丽中国的宏伟目标，也强调了资源开发中环境效益、生态效益以及经济效益要并重的基本发展理念。体育旅游和农业观光作为社会公益活动和经济生产活动，需要大量的资金和资源的投入。合理利用和开发配置资源，是体育旅游和农业观光融合发展的基本前提条件，同时也是以体育旅游作为产业在市场经济中实现社会和经济效益双丰收的基本前提。体育旅游资源的开发要提升和发挥体育旅游资源的利用率，使体育旅游产生一系列的经济价值和生态价值。旅游产业结构调整作为农村生态旅游的重要方向，是实现生态效益并实现可持续发展的非常重要的推进力。自中国实行双休日制度以来，中国休闲农业迅速得到推进，在促进农民增产增收方面以及农村经济社会形态发展方面发挥了重要价值，同时也为农村经济发展和乡村振兴的发展模式提供了新的可能性和发展方式。相对于传统产业而言，具备可持续发展特点的休闲农业，是当前我国实现产业结构升级的重要方向。农业观光通过现代科技与管理手段的结合，在遵循经济学、生态学和地理学等学科原理的基础之上，把第一、第二、第三产业紧密结合，这对协调经济发展、保护生态有着不可或缺的重要意义它的和谐发展有利于经济、生态、社会效益的丰收。而农村的体育旅游资源依托农业并融合于农业，为参与休闲运动的个体创造了天然、绿色、具有活力的生态场所。农村集体旅游资源的进一步开发，必须在农业生产环境

持续存在的前提之下,进行创新、改良、改革和开发。农业观光的经营实体非常重视体育旅游资源和项目的融入和开发,它们往往依托休闲农业企业的发展平台,来提高自身价值,通过开发多维体育休闲旅游项目和文化特质的融入,提升观光农业的竞争力。拓展农村的体育资源,需要开发新思路和新思维,构建符合农村发展的模式,打造旅游资源开发的生态链和产业链的融合式发展模式。这对农村体育旅游资源的开发和可持续发展大有裨益。

二、产业链与生态链耦合的必要性

关于产业链和生态链的融合与耦合研究,到目前为止还不多。有人率先提出了资源开发的生态系统与经济系统的耦合概念。有学者指出,生态经济复合系统中,经济与生态子系统在镶嵌组合功能发挥当中表现出高度协调,即经济与生态的协调发展。有学者认为资源开发战略中应该加强资源链与生态链的融合,获得同属性资源的边际资源协同,从而提升资源开发的协同效应。有学者认为耦合效应可用于分析自然社会经济的并行关系,通过能量流、信息流、物流交叉融合,形成系统有序、高效运行的耦合合作机制。在农村体育旅游的改革与改良中,休闲体育与农业观光在协同发展方面还有待于进一步的推进。现有成果对研究观光农业背景下的农村体育旅游资源开发、产业链与生态链的耦合机制具有铺垫和启发的作用。到目前为止,这些研究主要集中在农业观光与农村体育旅游资源开发的并行研究方面。这些研究虽然取得了一定的成果,但仍然缺乏对这两个产业互动方式的研究。这些研究特别欠缺的是相互融合所形成的特定空间、时间和地理区域的三维空间的合理布局和构建。它们在相互时机的把握和生态链与经济链相互耦合机制中的内在元素的连接,是目前研究相对较少的维度。

三、耦合的构成要素及要求

(一)耦合要素

1. 物质要素

劳动和土地是财富最开始形成的两个最基础的要素。农村体育旅游和农业观光的物质构成要素中,既有有形的、可触及的要素,也有无形的、不可触及的要素。从物质的层面来看,在体育旅游和农业观光的经营中,有体育设施和设备元素,这些元素中包含了钓鱼池塘、攀岩的岩壁、高尔夫球场、

第七章 体育旅游与农业观光产业交互的实践创新

滑草的草地、乒乓球桌、足球场地、篮球场、网球场等基础场地和设备。这些场地与器材是体育旅游和农业观光开发的基本载体和平台，也是其产业不断推进的物质基础元素。

2. 价值要素

从农业、体育、旅游资源的角度来看，其价值构成是农村体育旅游资源不断获得发展的核心和潜力。价值要素也是农村体育旅游资源开发中形成的精细化服务和产品的广度和深度开发的最终价值依托。从内核价值的角度来看，身体体验、农耕文化是农村体育旅游资源获得不断推进的最重要的价值元素。这些元素存在于农业观光的创新性产品之中，它们主要是通过享受和体验观光农业产生的情感体验。价值元素存在于对体育旅游运动相关环节的了解、参与和体验上。另外，它还可以表现在强身健体、休闲娱乐、身体体验、陶冶情操等休闲价值上。这些核心价值元素的凝聚、组合、整合和优化，有利于两者价值元素的集聚，从而发挥出整体的优势。

3. 外延要素

农村体育旅游资源的外延要素，包括资源开发中外部优势元素。在农业所构成的休闲旅游资源的整体框架之下，体育旅游资源的外延因素涵盖了品牌、区位、空间、资源的整体环境等方面的要素。在这些要素中，区位和空间元素是其市场优势的最重要的表现形式。资源的稀缺性是产业发展的核心优势所在。从体育旅游资源的角度进行分析，可以发现：农业观光品牌效应、体育旅游和农业观光资源的组合、资源优化以后的环境质量、精细化服务的程度、科学的企业管理的能力，是农村体育旅游开发的外延元素。比如，有些休闲农业的主体将百果园与体育旅游整合，做到了水果的采摘和农耕的体验与钓鱼、高尔夫、网球、羽毛球、乒乓球、篮球、骑行等体育旅游元素结合。在这种结合中，活动往往在依山傍水、自然环境优美的农庄，或者是靠近农村的景区举行。通过具有品牌价值活动的打造，形成常规化的运作模式，在很大程度上提升了百果园的核心竞争力和市场口碑。未来此类融合性活动必然会得到很大程度的推动，其长期发展业态看好。

（二）耦合达成的要求

农村体育旅游资源开发的核心是产业链与生态链相互耦合。这些活动往往融合于农业观光的经营活动，最终是以体育旅游服务的形式体现出来。体育旅游服务是农业观光经营主体生产出来的主要创新型产品，是休闲农业和农业观光经营主体经济收入的重要来源之一，也是农业观光经营主体最终的生产目的。农村体育旅游产品的创新和改良，既是农村体育旅游资源的开发，同时也是农业观光主体经营中生产与产业链相互耦合的过程。在农村体育旅游开发中，主打的产品与休闲农业服务和副产品以及农业旅游服务相互融合，副产品最终镶嵌到主产品的服务和生产体系之中。主、副产品的开发和创新，都以追求经济效益为基本目的，兼顾社会、生态和其他效益。在农村体育旅游与农业观光融合发展的业态中，必须注重产业链与生态链的耦合机制，注重农业观光经营主体与农村体育旅游资源的高度契合，实现资源的合理优化配置，最终实现农村体育旅游农业观光资源创新发展的经济、社会、生态效益的和谐统一。

1. 形成集聚、突破束缚

农村的体育旅游资源和农业观光资源的生产链与产业链的耦合机制的构建，需要在农业体系中产生发展链条，或者建设属于第三产业的服务模式。这些模式的构建需要打破原有的资源开发思维模式、产业体系相关限制，在产品间重构能量流、价值流、信息流、物质流，积极探索农业观光经营主体与农村体育旅游开发之间相互融入和相互镶嵌的方式。在此基础上探索农村体育旅游资源开发产业链与生态链的耦合机制，以此形成农村体育旅游与农业观光当中产业链与生态链的共生、共产以及生态开发当中网络体系的构建，最终实现资源的创新、改革、整合、优化，从而实现生产和生态效益。

2. 能耗较小、可循环利用

与产业链耦合的体育旅游和农业观光资源融合开发是相对比较复杂的产业循环体系。我们必须考虑推进服务业、农业体育产业之间的融合发展，在融合发展中构建主产品及副产品的物理形态和合作模式，进一步构建两者融合的信息化服务和管理形式。在当前的体育旅游和农业观光的交互模式当中，往往还不能较好地实现资源的充分利用和优化组合。在体育旅游中镶入观光农业的背景下，我们首先必须创造出产业链和生态链相互耦合的方式来解决此类问题。只有解决好了镶入过程中的具体的细节问题，才有可能实现两者的相互融合和交互式发展。

3. 经营主体经济效益较高

农业观光经营主体是农村体育旅游资源开发和生产链与产业链相互耦合和交互发展的经营主体，要获得经济和生态效益，必须开展体育旅游的精细化服务，进行体育旅游资源内生动力的开发。体育旅游与农业观光相互融入和镶嵌式合理化发展是最终获得可观的经济效益的前提条件。此外，在生产链与产业链相互耦合的农村体育旅游资源的创新发展中，如果没有采取可持续循环的资源利用模式，那么其经营活动就无法正常开展。这对其依托的母体及农业观光的经营主体的经济效益也会产生影响，最终导致两者因没有办法形成良性的互动和合作模式而经营不下去、经营活动流产。

（三）耦合关系

1. 产业链耦合

（1）生产性项目间耦合。农业观光经营实体的生产项目之间都具有非常紧密和天然的耦合关系。种植业往往为养殖业提供饲料，养殖业又为种植业提供农家肥，种植业和养殖业为农副产品加工业提供生产的基本原料，而农副产品加工业的下脚料和废物又回过头来为种植业提供肥料或者为养殖业提供饲料，从而形成比较高效的休闲农业和农业观光的运行模式，这就是一个基本的生态链。如果生态链运行良好，就可以产生巨大的生态效益和经济效益，实现人和自然的和谐相处。

（2）生产性与服务性项目耦合。无论是养殖业、种植业还是农副产品加工业，都既是休闲农业的生产性活动，也是吸引乡村旅游爱好者的重要吸引物。它们还是农村体育旅游具有特色的资源元素，农艺园的采摘活动、垂钓、狩猎、农事农耕体验、传统手工艺体验、会员制的种养活动，这些项目既是乡村旅游的基本项目，同时也可进一步拓展成为体育旅游的竞技运动项目，实现乡村体育旅游资源生产性活动以及资源的有效融合。

（3）乡村资源与体育旅游资源耦合。城乡居民利用闲暇开展近距离、低消费、高享受的乡村旅游活动，既是一种旅游形式，也是一种体育活动过程。它可以让游客直接亲身体验到各种棋牌活动、球类运动、长距离骑行、登山运动和有氧运动等形式。本地的居民也可以利用农业观光园的相关体育设施开展体育锻炼，实现乡村旅游资源与农业体育旅游资源的优化整合。对于农业经营者而言，他既有各类生产性项目的收成，同时也可以依托乡村旅游和相关的精细化服务获得收益，从而大大提升农业观光园和农业生产的整体收益，由此提升经营者投资新建乡村服务设施和开发体育旅游消费项目的积极性和创新性。为了提升乡村体育旅游爱好者在农业观光园进行消费的停滞时间，其经营者还必须通过创新多样化的乡村旅游资源和体育旅游项目，打造具有特色的农耕文化场景下的旅游品牌，从而吸引乡村体育旅游爱好者，形成乡村旅游资源和体育旅游资源要素的相互融合，构建相互促进的良性循环模式。中国农业观光产业的迅速发展，也有效地推进了体育旅游资源的进一步开发和推进。它是农村体育旅游资源开发当中产业链相互耦合和交互的重要方式。农业经营实体一般经营养殖业、种植业、农副产品加工业及各种与农业相关的创新型项目，他们同时可以开发出与之相关的住宿服务、餐饮服务以及多样化的具有民族文化特色和民俗文化特质的运动休闲项目。农民在为社会提供农副产品的同时，也可以实现对城镇居民和本地居民的相关体育旅游服务。

2. 生态链耦合

资源开发中的生态链耦合往往是通过资金流、能量流、物质流、信息流4种形式进行多维度的耦合而实现农村体育旅游与农业观光资源的开发。不可能单纯地依靠公共财政的支持进行，往往需要农民的日常生活、农业生产经营活动、乡村体育旅游活动、体育旅游运动项目，以及在农村的社区文化建设和农村特有的自然资源的开发等进行有机结合，形成农村特有的体育资源开发和农业观光相互耦合的生态链机制。体育旅游与农业观光是基于多样化的生态链的耦合机制，它构建了农村体育运动项目资源开发的生态链耦合发展新方式。

（1）物质流与能量流耦合。在各种系统关系中，物质流与能量流往往是相伴而行的。能量流是整个系统运行的内在驱动，而物质流是能量流运行的平台。在农村体育旅游项目的创新和改良过程中，必须提供生活资料、生产资料以及各种体育设施设备和交通信息等物质条件，以及相伴而生的能量系统。与此同时，居民的日常生活、农业生产活动、乡村旅游活动和体育旅游活动，随时都会产生相应的能量和物质的投入。这些投入还包括产品和各种废弃物的产生及其处理，从而形成了系统的能量和相应物质的输出。为了提升农村体育旅游资源和农业观光资源开发利用的整体效益，必须实现体育旅游项目与乡村旅游活动、农业生产活动的结合，以有效减少废弃物的输出。

（2）资金流、能量流和物质流耦合。资金流、能量流、物质流的耦合关系的表现有三种形式：第一，与资金流同步耦合的能量流以及物质流，其表现形式为基于市场价格原材料的购买以及产品服务的输出。对于这样的资金流，农村体育资源开发过程中，应该加大其投入量，扩大其流通量，提高整个系统的运行效益。第二，脱离资金流的能量流和物质流，其中主要包括使用公共资源而排放的相应废弃物。对于这些物质流和能量流，在农村体育旅

游资源开发中,要关注废弃物,特别是具有污染性废弃物的具体排放,加强废弃物的有效二次利用,实现无废弃物生产过程中的污染情况出现,形成积极的旅游消费导向。第三,脱离物质流和能量流的资金流,其中包括政府部门的具体投资和税收收入,金融部门的信贷投入与还本付息,以及工商资本的投放与收益的具体回报。在农村体育旅游具体项目的开发中,必须要争取政府相应的支持力度,用有限的资金加强基础设施的建设。要完善与改革农村信用和金融支持系统,扩大农村体育旅游资源开发中资金流的具体使用项目。要广泛吸纳工商资本,提高其投入农村体育旅游资源和农业观光生产中的积极性,推动城乡发展的活力,实现农村居民和城镇居民在享受体育旅游项目和农业观光中的均等化。

（3）信息流与资金流的关系。第一,与资金流同步耦合的信息流,主要是指有偿信息服务和有偿信息传播服务,依托休闲农业的农村体育旅游开发,需要有设计和新兴项目、材料、工艺、品种的创新支持。这些创新行为和信息服务中,很大一部分属于有偿服务。此外,农业观光需要吸引乡村旅游消费者,就需要承担相应的宣传费用。与此同时,农业观光旅游企业和公司也有可能对外提供有偿性信息服务,实现一定的盈利。第二,脱离信息流的资金流,这些信息流包括通过多种途径获取以及进行传播的无偿市场信息和现代科技相关信息。农业观光经营的企业通过乡村旅游实现了城乡文化隔阂的消除,丰富了信息来源的渠道,丰富了信息传播路径,构建具有集聚效率和传播效能的信息网络。依靠农业观光的农村体育旅游项目的开发,能够充分调动对城乡融合的多元信息资源收集的积极性,提升整体效能,利用乡村旅游爱好者的口口相传来形成口碑效应,积极传播产品文化,提升体育旅游资源和农业观光资源的利用率和整体效益,最终实现资源的整体优化和经济效益的提升。这为乡村振兴的实现提供了坚实的基础。

四、模式构建历程与形成的样态

（一）耦合路径

农村体育旅游资源开发的产业链和生态链的耦合是相对复杂的系统结构,特别是在它镶入农业观光经营主体的环境中与其他要素产生耦合机制以后。在休闲农业经营过程中,农村体育旅游资源的产业链和生态链的耦合往往围绕着项目资源本身的内部要素以及外部要素的关系处理,最终达到协同发展中所体现出来的耦合机制。农业观光经营主体的利益相关者往往是以追求利益为最终的目标，特别是对能够凸显经济效能的资源和创新项目的开发非常感兴趣。农业观光经营主体内部的餐饮业、住宿业、养殖业、种植业、体育运动项目的开发等要素之间的协同与创新，在产业融合方面的向心力增强方面，必须有内在的动力和资金的支持。农业观光经营范围内的产业进行集聚之后，通过第一、第二、第三产业以及各个类别细化的部门间的相互协调与合作，最终形成产业门类之间的合作与竞争，形成生态链与产业链的耦合机制，促进整个行业的健康、有序、可持续发展。

（二）耦合轨迹

耦合一开始只是物理层面的定义，它通常是指两个以及两个以上的体系或运行方式通过相互作用而影响彼此，最终达到协同发展的目标。当然，此类概念后来被人引入社会科学领域，它主要是用来描述系统或者是系统要素之间相互影响，最后形成协同的过程。根据产业链与生态链的耦合机制，参照国内外的最新探索结果及发达国家农村体育旅游项目开发的具体经验，可以发现产业链与生态链相互耦合的旅游机制，往往经历了低水平的发展阶段、相互对抗的发展阶段、磨合的发展阶段到最后的协调一致的发展阶段这四个阶段。从开始到最后的和谐发展，往往经历了第一阶段的共生互利、第二阶段的不协调、第三阶段的相互协调、第四阶段的协调发展这四个具体的发展阶段，这四个阶段同时也反映了不同阶段的生态链与产业链相互耦合的具体过程。而不同阶段的耦合过程也反映出在资源创新和相互整合优化方面的目标，向注重经济整体效益到生态、经济、社会效益并重的模式转化。

（三）耦合样态

第一，产业耦合体是耦合开发模式的物质元素基础。在农村体育旅游和农业观光耦合体产生的过程中，养殖业和种植业同属于产业中的第一产业，农副产品加工业属于第二产业的范围和领域。乡村旅游和农业生产过程中融入的体育旅游项目属于第三产业的范畴。在这些产业耦合机制形成的过程中，实现了第一、第二、第三产业的有机融合。这为资源耦合体的实现奠定了坚实的产业发展基础。第二，资源耦合体是耦合开发模式的策略之一，农村体育旅游资源的开发不可能是相对独立、不与外界进行资源和资金交流的系统。它的正常运行必须与农村生活资源、乡村旅游自然资源、农业生产资源的开发紧密结合,实现各种环境和资源要素之间的互动和交流。我们往往需要树立四位一体的资源开发观念,构建以产业的耦合为基础的资源统一体,最后服务于城乡居民的资源整合过程。在创新过程中,农事的农耕操作、果蔬采摘、工艺体验等,往往是特色农村体育旅游项目发展的机会,也是乡村旅游过程中吸引游客的有力武器。在农业观光的生产中,如何实现农村生产资源、农村生活方式、乡村旅游资源开发、体育旅游项目资源的整合和创新,在农村体育旅游和农业观光资源开发方面还有很长的路要走。第三,行为耦合体是耦合性开发方式的现实目的。本地居民和乡村旅游爱好者在行为方式、生产活动、生活行为以及消费行为等方面,构成了系统资源内部要素的互动和协调。它最终构建了以资源耦合体为基础的行为耦合过程,最终的目标是实现乡村旅游具体活动、体育旅游具体项目、农业农耕生产具体活动、农村居民日常生活方式之间的相互影响、相互协调、相互耦合以及和谐统一。最终的耦合状态体现了生产、生态、生活三要素之间的有机交流和融合,这为实现农村社区和谐、农村经济发展、农村体育旅游项目的开发奠定了现实基础和发展的便利条件。

五、基于耦合的农村体育旅游资源开发路径

农村体育旅游和农业观光资源开发的产业链和生态链必须从耦合模式出发,从体育资源与体育旅游经营体的相互融入和密切关系出发,充分考虑到农村体育旅游的基本特点,有选择性地构建低效、高能、环保的体育旅游项目、特色资源,实现农业生产活动与居民日常生活、乡村旅游、体育旅游运动的结合。在交互旅游发展的过程中,要充分利用生态链和产业链的耦合机制,开发农村体育旅游资源,体现乡村旅游的特色,充分发挥农村自然资源和绿色生态有机农业的优势,坚持可持续发展的理念,最终实现资源的综合开发,实现协同发展和差异化发展策略。这是实现农村体育旅游和农业观光资源交互发展的基本发展策略。其协同发展有利于乡村振兴、国家战略的实现,有利于促进农村经济的发展和农民的增产增收,有利于促进体育旅游资源的可持续、健康、稳定推进。

(一)农村体育旅游资源开发维度

农村体育旅游开发的项目并不局限于竞技运动,也不同于城市体育旅游,它必须符合农村发展和农民实际,同时必须满足城市白领和城市消费群

体对体育旅游资源的心理需求，体现出农村特色和民族传统文化特质及民俗文化优势，在开发中，不能照搬城市体育旅游模式。我国有十分丰富的体育旅游资源以及中国传统文化的底蕴和特色，传统文化和农耕形态的文明扎根于中国几千年的传统文化之中，具有非常深厚的文化底蕴和鲜明的民族文化特质。农村体育旅游和农业观光资源的融合性开发和发展，必须坚持以乡村的特色文化为基调，开发出具有吸引力、创新性、挑战性、融合性的旅游运动项目。只有这样才能够增加盈利点，消除人们的审美疲劳，最终实现优势资源的经济效益，实现农民的增产增收，为乡村振兴战略的实现奠定坚实的基础。

（二）农村体育旅游资源开发路径

农村旅游发展有其劣势，主要表现为交通和信息不通畅，资源的开发难度相对较大。但其优势也非常明显，开发区域非常广阔，具有广袤的土地和林业资源，空气非常清新，这些都为乡村旅游和农业观光项目的发展奠定了坚实的基础。乡村中茂密的森林、具有洗肺功能的空气都是农村中唾手可得的资源，而这些资源在城市中又是非常稀缺的。农村体育旅游和农业观光的融合发展，恰恰填补了城市发展中的资源空白，为城市中人们返璞归真、追求自然的生活方式提供了契机。这一融合方式最大的问题就是交通不便，然而随着中国高铁的迅速发展，交通问题已经在很大程度上得到解决，数千千米的路程能在几个小时内到达。

事实上，农业观光通过承载乡村体育旅游，实现了自身经济效益的提升，这也极大地提升了农村体育旅游和农业观光投资者投身于乡村振兴的积极性，为他们盈利创造了现实可能。他们通过创新形成了农业生产活动、居民日常生活、乡村体育旅游活动以及体育旅游活动和拓展活动的融合方式，为农村的体育旅游资源开发和综合利用提供了新的发展思路和可行的发展模式。乡村振兴的最根本的原因之一就是要打开城市发展的纵深空间，提升中国经济发展的厚度，为中国经济发展提供抗风险能力和往前拓展的空间可能性。而体育旅游和农业观光的融合，恰恰能够填补这一空白区域，为中国经济的发展保驾护航。

（三）农村体育旅游资源差异化发展路径

农村的体育旅游资源开发要避免模式化、同质化、审美疲劳，要尽量开发具有挑战性、新颖性和生态性的旅游项目，具体问题具体分析，因地制宜、因人制宜地开发具有优势和特色的体育旅游资源和农业观光资源。其资源的开发还必须满足本地农村社区居民的活动和身体锻炼的需求，针对本地居民的实际情况，开发具有特色的球类运动、广场舞等项目，满足当地居民的休闲文化生活需求，服务于乡村旅游和农业观光消费者。农村体育旅游和观光资源的开发和发展，必须充分体现中国传统文化的特色和乡土气息，彰显农村文化的独特魅力和优势，让城镇居民和乡村旅游爱好者感受到乡野的魅力和文化的特色。

（四）农村体育旅游资源的可持续发展

低碳、绿色、环保是当今社会发展的重要理念，也是农村体育旅游资源开发中必须坚持的基本发展理念。加强生态链中的增补链、延伸和完善生态链、重点开发具有分解功能的体育旅游资源，有利于生态链和产业链的高度配合。同时，融合发展必须把无污染、减废物、积极传播生态文明和环境保护的理念贯穿到产品开发中，实现社会效益、生态效益、产业效益的协同发展。

第二节　基于城乡统筹的体育旅游融合实践

一、城乡统筹概念界定

统筹兼顾原来是指一种有计划性的管理科学方法，它是一种编制大型工程进度计划非常有效的方法，主要优势在于工程负责人与计划人员能够掌握整个工程项目的进度以及具体细节，在每个阶段都能够知道自己要干的事情，能够预见可能发生的问题，协调和控制工程生产中的各种活动，最终统筹安排、合理处理突发问题，使工程整体目标任务能够顺利完成。城乡统筹发展涉及文化生活、生态环境、社会经济、空间景观等。其概念对于不同的学科在探索层面有不同的侧重点。城乡统筹需要整体考虑城乡规划和社会经济的和谐、协调发展，这就需要对城乡资源进行优化组合与合理分配，充分发挥工业对农业的反哺和支持效能，实现城市对乡村的辐射和带动，最终以乡促城、以城带乡，实现城乡协同发展和共同繁荣的目的。城市可促进乡村经济、文化、社会、生态的可持续发展，具有积极的促进和引领作用。

二、城乡统筹的农体融合

随着城市化进程的不断推进，城市发展和提升必须有自身的具体定位，必须把城市名片的打造作为城市长期发展和不断推进的一项重要议题。

（一）体育旅游特色小镇的融合式发展

近年来，我国体育产业的发展不断推进。在此背景下，我国体育与农业的交互发展开始得到迅速推进，创新型项目不断构建。许多旅游项目，比如滑雪小镇、露营小镇、自驾游小镇、国际足球小镇等创新型旅游和农业观光项目开始在全国各地推进。

1. 综合类体育小镇

（1）绍兴柯岩酷玩小镇。绍兴柯岩酷玩小镇位于绍兴市旅游度假区，除了东方山水乐园和浙江国际赛场的核心旅游项目之外，它还建设有滑雪、高尔夫、酷玩乐园、综合性体育场等休闲旅游场地。其在体育旅游项目的创新改良和融入的过程中，为城镇带来了社会、生态和经济多维效应。小镇的开发结合了当地旅游资源的特色和山水资源的优势及城镇居民的多维需求。环境及设施的完善促进了休闲旅游、农业观光和体育项目的引进和拓展。该景区的标准化创建等多维举措将健身、旅游、休闲观光等项目由点带面、由面达体逐渐形成一体化格局，打造出独具特色的旅游小镇。

（2）嵩皇体育小镇。嵩皇体育小镇位于河南省登封市，它的占地面积达到了31万平方千米，该特色小镇将登山、攀岩、赛车、乒乓球、素质拓展等多种竞技项目融合到一起，加入餐饮、观光、住宿、婚礼、会晤、养生等多种元素的户外主题公园。卡丁车赛、赛车体验等项目是此公园的特色项目。该园还修建了射箭馆、飞行体验、拓展培训、健身运动、真人CS对抗等多维训练基地。嵩皇体育小镇号称是赛车的乐园，吸引了很多赛车运动爱好者来到这个园区，小镇已经成功举办过国家级汽车拉力锦标赛。登封有很多具有历史文化底蕴的古建筑群，同时也是佛、儒、道合一荟萃之地，其深厚的历史文化底蕴深深地吸引着各地的旅游爱好者和农业观光爱好者。体育小镇扎根在历史文化名城之中，实现了现代体育项目和古老文化的完美融合和交互。除此之外，很多体育特色小镇都具有自身的特色，比如山东日照的奥林匹克水上运动公园也有许多典型的特色体育项目。

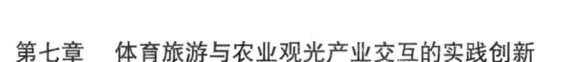

第七章　体育旅游与农业观光产业交互的实践创新

2. 自驾露营小镇

（1）洛阳白云山自驾游小镇。该特色小镇位于嵩县车村镇，天桥沟西侧，白云山专线两侧。区域含天桥沟、下庙、明白川3个村，占地面积约2200亩。项目以白云山度假区为依托，构建"资源节约型""环境友好型""汽车露营拉动型"的复合模式，创建自驾游营地，高标准发展自驾游。白云山自驾游营地致力于构建起营地体系内容元素具备创新点和吸引力、基础设施和设备齐全、服务保障体系健全和完善、技术配套非常专业的国际旅游精品示范点。

本营地建设以高端养生度假为主，是融自驾、休闲、运动、商业为一体的综合区，实现了旅游和养生理念的交叉融合和优化整合。

（2）深圳金龟露营小镇。深圳的金龟露营小镇是第一个融户外拓展和露营为一体的乡村体育旅游露营基地，为游客提供了极具特色和个性的露营体验服务。它距离深圳市区只有60分钟左右的车程，以保护性开发为主要发展理念，以绿色、健康、生态、环保为宗旨，保留了自然村落的原始风貌和核心的绿色生态自然资源，保持着新鲜的空气、没有污染的河道，这些都是都市人群难以享受到的自然核心资源。他们深入挖掘客家的人文风情，倡导绿色生态、自然悠闲的户外露营体验。文化小镇紧紧抓住深圳旅游重心东移带来的契机，致力于打造深圳第一个乡村露营公园，传播生态、自然、绿色、健康、可持续发展的户外文化。它致力于规划生态旅游和乡土风情体验的综合旅游形式，还融合了农业、科普、民俗相关实践以及运动养生体验的户外活动形式。截至目前，该特色小镇已经成为少年儿童和青少年户外生存拓展和农耕体验，以及企事业单位能力拓展、人际交流、休闲养生的首选基地。

3. 滑雪小镇

（1）崇礼太舞滑雪小镇。崇礼太舞滑雪小镇位于河北省张家口市，它的总占地面积达到了40万平方千米，小镇所规划的造雪面积达到了400公顷，是我国目前规模最大的综合滑雪度假区域，也是2022年北京冬奥会竞赛的主要运动场地，总投资额达到了200亿元。滑雪是该小镇的核心特色资源，它为全世界各地的滑雪爱好者提供了专业的标准化场地。该特色小镇一共分为两大营地，主营为第一营地，此区域主要规划建设的是提供综合性滑雪相关服务的专业性场地。第二个区域的主要规划偏向于中等级别，提供的是俱乐部式的精细化服务。该特色小镇还建设有众多配套服务场地，新建了17万平方米的小剧场酒店和特色美食区域以及温泉中心等专业化、精细化服务

·145·

综合体，为实现旅游一站式服务提供了便利。非雪季项目包括缆车观光、射箭、滑步车、草地车、空中飞人等项目；还可享受山地高尔夫、徒步登山、宠物乐园等运动；对于户外爱好者而言，则可感受到自行车速降、无动力卡丁车等项目的魅力和刺激体验。

（2）长白山万达滑雪小镇。长白山万达国际滑雪小镇位于吉林省东部，它距离长白山天池只有41千米，距离长白山机场也只有10千米的距离。这个小镇的占地面积达到了18.34平方千米，投资额高达230亿元。该小镇将滑雪场地作为项目建设的核心优势资源，将度假、休闲、观光、商务、会展、娱乐、居住、购物等不同的旅游元素进行高度的整合和凝练，使之相互配合、相互协调、互为支撑，形成产业发展链条，最终形成集聚效应。在白雪皑皑的冬季，这里是世界级的滑雪胜地，人们在这里可以体验到港湾式滑雪场地的乐趣。这里的设施非常完备，从魔毯体验区到高级雪道一应俱全。夏季来到这里也有专属的清凉体验，它是天然的避暑胜地。除了滑雪以外，这里还有KTV、大剧院、酒吧、咖啡馆，众多的购物品牌也俱全，配套设施非常完善。长白山万达滑雪小镇以复合型的稀缺自然资源和农业观光资源为依托，以自然观光为基本的引导理念，以国际游客和国内的农业观光与体育旅游爱好者为基本的客源，以体育娱乐和精细化服务作为品牌的构建方向，借助长白山非常具有优势和特色的自然资源，逐步构建了具有持续创新力和统领性的现代高级旅游度假区，打造了具有世界级引领效应的时尚文化生态创新高地。

4.足球特色小镇

（1）恒大欧洲足球小镇。恒大欧洲足球小镇占地面积达到了1525公顷，建设用地面积达到了407公顷，新增的建设用地主要在足球学校的北侧。该特色小镇风景非常秀丽，生态和自然环境优良，周边还有很多独具特色的旅游资源与之遥相呼应。它的自然资源和人文景观丰富多彩，而特色小镇的建设还依托恒大的足球学校以及相关的足球训练基地。通过农业观光与体育旅游的相互融合，该足球小镇的融合式发展有利于提升当地的旅游发展活力和经济发展水平，对当地的生态建设和经济内在活力的提升非常有益。

（2）北京国际足球小镇。北京国际足球小镇的占地区域约为147万公顷，它建设有50片5人制足球场、10片7人制足球场，以及5片11人制的足球场地。该特色小镇包括足球大厦、足球风景街、足球会议中心、足球嘉年华、足球博物馆、足球奥特莱斯、足球狂欢广场等专业化足球场地设施

和设备,高科技也已经融入了该特色小镇的建设之中,它引入了竞技运动和群众体育高度融合的智能场地,还引入了大数据分析系统,开放了专门的软件,实现了网上场地的预定和赛事的预约。该特色小镇融合了足球文化、足球经济、足球科技、足球培训等重要元素,对于城市的发展和足球文化的对接具有重要的里程碑式意义,最终形成了独有的产业集群效应和经济效益。

(二)体育旅游与乡村振兴的融合

长期生活在城市的钢筋混凝土之中,嘈杂的城市喧闹之中,城市人群往往感觉到审美疲劳和身体的不舒适。在城市工作的人群往往希望远离城市的喧嚣,在节假日的时候带上家人开启自驾游,或者是约上好友到郊区的农业观光和体育旅游基地进行体验,回归自然、淳朴的生活方式。在自然和淳朴的生活中,人们能够放下工作的压力,投入大自然的怀抱,使自己的身心得到调剂。经过调整,再回到城市进行工作时,便能精神百倍,调整工作态度,提升工作效率。乡村有着广阔的自然空间、清新的空气、浓郁的乡土气息,这些对城市居民来说是稀缺品。在乡村开发中,如何利用好山水、生态、气候等自然资源的优势,打造各种具有特色的户外旅游运动项目,为在城市生活的人群提供生活调剂的场所,是在旅游开发中必须考虑的基础性问题。这类融合式项目能够促进城乡居民之间的文化交流,缩小城乡之间的差距,提升农民家庭的整体收入,对乡村振兴大有裨益。

1.我国体育旅游发展的城乡区别

体育旅游发展依赖于山川、河流、草地和森林等自然资源元素。自然环境元素在广袤的乡村地带是唾手可得的资源。但是,此类资源在城市中却相对比较匮乏,反而变成了稀缺资源。虽然有些城市具备一些绿化资源,但是由于城市管理规划和人口过于密集等因素,在城市中开发体育旅游项目仍然是非常难的。从开展体育旅游的条件来看,城乡之间的差异是普遍存在的。城乡差异还表现在人们的需求、休闲理念、收入水平存在着千丝万缕的联系和差别。在广阔的农村,虽然有很多运动项目资源可以开发,但是由于当地的农民收入水平不高,消费能力较低,加之休闲意识比较淡薄,他们劳动以后最主要的休闲方式就是放松和休息,开发的体育运动项目很难在当地找到适宜的消费者。与之形成鲜明对比的是,城市居民有消费能力,收入水平相对较高,而且在周末有时间和精力进行体育旅游的消费。乡村体育旅游成为城市居民青睐的休闲方式,一些独具特色的乡村利用自身的民族文化特色和民俗文化特质开发体育旅游和农业观光的融合发展模式，得益于得天独厚的自然资源的合理利用和整合优化。农民通过整合各种资源来达到发展当地农村经济、实现乡村振兴的目的。城区居民可以到乡村体验不一样的体育旅游项目，感受农村乡土气息，同时把现代休闲理念带到乡村，进行推广和渗透。这加大了农村居民和城市居民之间文化和信息的交流，拉近了两者之间的距离，缩小了城乡差距，对未来乡村振兴战略的实现具有重大意义。

2. 我国乡村体育旅游发展概况

目前，国内开发建设的乡村旅游特色项目多位于大城市的郊区地带，城市人口多，而且居住比较集中，有相对稳定的客源消费市场，加速了人流与物流之间的运转速度。城市居民是乡村体育旅游和农业观光旅游的重要客源。大部分游客主要看重的是乡村体育旅游和农业观光形式相对比较低廉的旅游整体花费。通过相对比较低廉的费用，他们可以体验到在城市体验不到的田园风光以及民俗文化元素活动。

3. 我国乡村体育旅游发展方式

（1）延伸方式。将体育旅游的元素延伸到其他旅游行业，这可进一步提升产品的价值，拓展旅游产业链，创造较高的经济收益，更可为乡村体育旅游的不断发展找到可以存在自身内容元素的发展平台。比如，乡村田园的旅游综合体、运动体验店、体育创新设计产业等多种形式，构成了体育旅游和农业观光融合业态的主要内容。乡村体育旅游内容元素的拓展和挖掘，可以进一步扩展乡村旅游及生态旅游的发展方向和运行模式。

（2）渗透方式。将乡村体育旅游产业与农业旅游产业以产业元素的形式进行渗透并形成相互支撑，通过将体育运动元素融入旅游开发中，不断创新出融娱乐、健身、休闲、旅游为一体的乡村体育旅游和农业观光活动，以此来提升融合性产品的市场竞争力和吸引力。其融合产品的提质过程可以依托自然资源、民俗文化特色和人文资源等优势资源的融合，开发出与农业观光相关的体育休闲运动项目。比如，在农业观光园区，除了可开发供游客观赏、购买和体验的农产品和农副产品以外，还可以开发赛龙舟、滑雪、攀岩、垂钓等独具特色的体育运动形式。

（3）拓展方式。通过产业拓展的方式，实现乡村体育旅游与农业观光相互融合的发展，形成新的产业发展过程。这一模式需要具备较强的产业生产基础，倡导共融发展的基本理念。此模式的发展优点在于取长补短，不会存在同质化竞争现象。在此类过程中，旅游业往往依托资源优势，发挥运作主体的优势。

第七章 体育旅游与农业观光产业交互的实践创新

4.乡村体育旅游发展中出现的短板

（1）受同质化制约。项目同质化现象比较严重，而且出现雷同的情况。在乡村体育旅游园区建设中，很多开发商往往基于经济利益而开发出一些具有刺激性、挑战性、趣味性、高收益的运动项目，从而出现与周边园区体育运动项目相重叠的情况，这就导致园区之间形成价格的恶性竞争，导致利润下降，大家都经营不下去，最终导致整体经营的失败。整体来看，我国乡村体育旅游项目的开发还是存在着创新度不高、开发形式过于单一、趣味性不强、开发的深度不够，没有针对不同年龄和消费能力的群体差别进行项目整体设计的问题，这一系列问题都是在发展和设计中需考虑的问题。

（2）受季节制约。我国乡村体育旅游项目的开发对季节性制约因素没有进行调查和针对性设计，致使淡旺季游客流量有着非常大的差别。在旺季时，体育旅游和农业观光的游客非常多，淡季时游客非常少，这使得资源不能得到最大限度的利用。此类差别导致消费者参与体验的时间非常有限，消费者的整体流量不高，乡村景区的整体经济收益也受到很大的影响。

5.乡村体育旅游发展方略

（1）培育品牌，形成差异化竞争。根据乡村体育旅游与旅游资源开发中各个要素的基础特点，国家可以制定乡村体育旅游的相关法律法规并推动政策的落地。同时，各地方政府要根据本区域体育旅游资源的优势元素和特点，创新出具有不同特色的旅游品牌和主打项目，形成乡村体育旅游和农业观光区域差异化竞争的基本格局，在资源开发过程中形成完善的市场保障机制，保证投资主体在开发的过程中都有盈利的可能性。只有开发者在竞争和投资的过程中获利，在以后的发展过程中，投资者才会有更大的积极性和内在动力，体育旅游和农业观光项目的融合发展才会有可持续的可能性。我们还必须构建乡村体育旅游产业的市场以及合理化的管理机制、投资的保障机制与税收的扶持机制等，以此来保证体育旅游和农业观光融合式发展体系的健康运行。

（2）坚持生态保护与可持续发展并重。在乡村体育旅游的开发中，我们要坚持贯彻保护生态资源的可持续发展理念，在大生态系统下探索乡村体育旅游问题。体育旅游开发，要在基于乡村宜居的前提下，坚持生活、生产同步发展，建设经济总量提升、生态文明推进、环境可持续发展的美丽乡村，使我国乡村环境不断优化。

第三节 案例——以 X 市农、商、文、旅、体融合发展为例

整体的乡村振兴战略是在党中央深刻认识到我国城乡关系的深刻变化的基础之上，做出的适合我国未来发展的重大战略转移，为做好新时代"三农"工作提供了良好的解决方案。本书以 X 市农、商、文、旅、体融合发展，助推乡村振兴的角度来分析农、商、文、旅、体融合发展与未来乡村振兴的必然关联，厘清 X 市发展的现状，为其未来的创新性发展提供解决方法。我们通过剖析当前发展中存在的具体问题，通过实际调研和对标分析等多种方式，提出推进农、商、文、旅、体融合式发展的合理化路径，能够有效助推 X 市乡村振兴战略的具体实施和进一步创新。

一、乡村振兴与农、商、文、旅、体融合

（一）农、商、文、旅、体融合概念界定

农、商、文、旅、体融合，就像五维系统，五个维度需要相互支撑、相互支持、彼此关联，才能够形成系统合力。"农"不仅包括农业，也包括农村，它泛指农业、农村资源元素，比如产业及产业园区，相关生态是农、商、文、旅、体相互融合的基础元素。"商"指的是对有形产品以及无形服务的市场交换，围绕供给侧与需求侧的有效对接，运用基本商业思维、商业手段和品牌打造，不断满足市场的精细化需要，这也是这五种元素不断发展的内在动力所在。"文"既包括我国传统文化特质，也包括现代文创元素，既包括物质方面的文化要素，也包括非物质文化的基础要素，是软实力和独特的外在标识码，也是农、商、文、旅、体相互融合的关键精神要素所在。它强调通过发展观光、休闲、体验等各种方式来满足城市居民亲近大自然的身心调节需求。它是以人为本思想的外在体现形式，也是五种元素相互融合的外在表达方式。通过体育运动强调运动的参与感和体验感，提倡康养活动等方式，是五种元素相互融合的延伸所在。五种元素的相互融合包括业态的融合、空间的融合、功能性的融合等多元维度。这些融合的维度对于形成新的融生态、公共生活、生产为一体的城市发展模式大有裨益，也有利于更好

第七章　体育旅游与农业观光产业交互的实践创新

地为城乡广大居民提供精细化服务。

（二）农、商、文、旅、体融合是乡村振兴的必然要求

农业是各种产业当中最基础的产业，在人类历史发展的长河中不断衍生出政治、经济、文化、生态、社会等各种元素和生态。纵观世界范围内农业产业的融合发展历程，总体上经历了以工业带动农业，第一、第三产业互动，"接二连三"多元融合等基本发展阶段。在第一阶段中，以工促农加速了工业装备农业，尤其是农业机械化的发展进程和效率的提升，促进了农产品加工的生产和销售。"一三互动"是第二阶段，它带来了对农业生态价值的再认识，促进了乡村旅游、农业观光等第三产业的发展。"接二连三"阶段催生了农业全产业链的发展模式。在当今世界，很多发达国家已经进入多元的融合阶段，它们往往希望采用更加开放的思维，不断促进农业多元业态的发展和推进。此阶段的典型特点是农业与商业、工业、服务业细分要素，不断借助农村特有的优美自然环境、优秀的自然文化遗产培育农产品加工业、创意农业、康养农业和休闲产业等产业体系。农业的生态、经济、社会价值得到了更大程度上发挥的可能性，这有利于促进经济的发展和城市建设的和谐推进。乡村振兴战略的提出，对农、商、文、旅、体融合发展提出了更高的要求，也为其融合发展提供了重大的发展机遇和广阔的发展载体。如果能够抓住契机，未来的融合式发展将有广阔的发展前景。

（三）融合发展是助推乡村振兴的有效路径

乡村振兴战略突出以产业的兴旺为引领的方向，建设山、水、林、田、湖、草的共同体。乡村振兴规划是各种业态的相互融合，包括农、商、文、旅、体等多个产业的发展形式，通过它们的融合式发展，实现生态生产价值的多维度融合，有助于乡村振兴建设的有效推进。要全面实现乡村振兴，就必须打破人与人之间的隔阂，缩短城市和乡村的物理距离，满足大众对美好生活的向往。农、商、文、旅、体的融合，通过多种业态的连接、科技的赋能，突破各种产业的边界，实现跨界的融合和创新。这将产生出更多的新兴业态和合作场景，有利于乡村振兴发展过程中消费场景和生活场景的进一步营造。通过农、商、文、旅、体的相互融合和进一步推进，可以实现多产业间的相互协作和沟通，实现产业间的优势互补，形成功能更加完善的产业生态链和生态圈，实现业态的创新与差异化的错位发展，促使生态价值逐步转变为真正意义上的优质资产,这是实现乡村全面振兴的有效路径。

二、X市发展现实情况

X市坚持以农、商、文、旅、体相互融合发展的方式作为助推乡村振兴的非常重要的模式,深入推进农业供给侧结构的改革。不断完善创新链、生态链的融合,以及农、商、文、旅、体的多维联动,发挥X市的核心作用,着力运用科技平台、农村金融平台、双创平台、产权交易平台、电商服务平台以及乡村振兴研究院服务乡村振兴,打造都市现代农业观光的新名片,为乡村振兴战略的实施奠定坚实的物质基础。农业附加值的进一步提升,又为未来融合业态的进一步扩大打下坚实的基础。

(一)空间形态层面,融合景象初具雏形

整体的空间布局还有待进一步优化,形态塑造必须提质,融合景象还没有形成具体的模型,没有体现新发展理念的融合形态。第一,乡村空间的形态相对比较零散,城市条块分割规划质量不高,村级规划的覆盖率相对比较低,执行力度不够,融合和形态重塑的资源有待进一步提质增效。第二,资源利用还不是特别充分,对特色镇、功能区、特色产业等现有资源的利用和塑造不足。第三,文化传承、文化挖掘的深度还有待进一步提升,对文化特质和农耕文化的挖掘还有待进一步提高,对中国传统文化和民俗文化的传承度还不够,这需要从内在文化特质上做文章,提升文化品位和底蕴。

(二)招商力度较小,资源整合有待推进

在乡村振兴的大背景之下,农、商、文、旅、体的融合发展要特别关注对土地、资金、人才等核心要素的保障。资源整合的力度还不够,有效的资源配置尚未完全形成,系统的政策配套措施还没有得到完善。

(三)以产业园为载体,划定具体功能区

X市围绕实质策略和城市的具体空间布局,启动对都市现代农业发展的规划以及分区域的具体策划,将各个区域的特色优势转化为市场优势,划定粮食生产功能区和农产品生产的具体保护区。其发展可以聚焦优质蔬菜、特色水果和优质粮油等优势产业元素,规划建设具有农村文化特质的功能区和重点融合业态发展区,全面启动"管委会+投资公司"的综合管理试点。发展过程中还存在待解决的问题:第一,业态样式相对比较单一。第二,产

业链延伸不足，产业生态尚未完全形成，农、商、文、旅、体各个环节的价值元素融合度和利用度还不够，形式创新相对比较单一，人们往往容易产生审美疲劳，其融合的深度和广度还不够。融合的方式相对比较单调，多种方式、跨行业、跨领域、跨专业的深度融合的产品，在市场当中并不多见，多层次、多维度商业增值，生活服务、景色观赏等商业场景和生态场景等的渗透还不充分。第三，相关的体育旅游和农业观光的场景营造不足，有文化、有景观、可体验、可进入、可互动的融合式场景营造还不够充分。产业融合形态中往往缺乏针对不同群体、不同年龄、不同层次、不同领域的多元复合场景的应用。这些场景往往缺乏优质的商业元素和时尚元素，这些融合业态往往缺乏高品质消费的场景元素和文化体验的场域体。

三、融合发展策略

（一）基于经营机制创新激活融合方式

围绕着人才链、创新链、供应链、产业链、价值链，准确把握企业与产业链和产业生态圈的关系，加快健全农、商、文、旅、体的融合发展机制、服务体系、资金系统，采取差异化培训和考核的方式，对新型农业主体及职业经理人进行相关的业务培训，推动新返乡人员成为农、商、文、旅、体融合发展的主力军和领头羊。创新土地入股、联产经营和技术入股等多元方式来优化连接机制，强化经营主体间契约履行的监管力度，进一步推进小农户在联合发展中的有效参与度，提升合作项目的整体格局。与相关科研机构和院所成立科技创新平台，为农民联盟村、农业种植企业和公司、种养农民大户等合作主体提供技术、科技、生产、信息流通等多元化和专业化的全流程服务，促进融合业态的进一步构建。

（二）基于城乡统筹培育融合业态

以乡村振兴的基本规划为引领，坚持城市与乡村发展相结合，注意业态、功能和空间融合，促进农、商、文、旅、体的交互式推进。我们可以聚焦特色镇的建设以及景观再造等特色项目，以现有的农村村道和机耕道为基础设施，对乡村的绿道进行改造，打通特色镇与城市之间的壁垒，构建全域范围内的生活场景。在发展的过程中还需要完善农村相关配套基础设施，开展独具特色、接地气的文化体验活动，定期开展硬件的维护和提升。在开发的过程中要树立全产业链的思维，充分调动产业链上下游之间各个元素的内在活力，使各个元素都能够发挥自己的效能，提升整个系统的运行效率和经济效益。整个过程需要实现前后延伸、内外相通，积极推进大数据、数字化、信息化等的合理整合和创新，实现产业链的融合和提质。加快发展现代农业生产的绿色加工业、生态种植业、冷链物流等各种上下游的相关产业。

（三）基于景观景致再造重塑融合场景

我们必须坚持以绿色田园为发展的基础，以特色的园区和绿岛建设作为未来的发展方向，以绿岛加绿道的方式来推动空间形态的重建，积极探索发展会展博览、观光旅游、健身康养等特色街区，优化结构，从而构建多种类型的特色小镇。我们可以利用居民的建筑风貌、历史遗迹和民俗文化元素，来构建新型的体育旅游和农业观光的融合项目。通过资源整合和多功能的挖掘，实现对各种古建筑和园林院落的进一步改造。我们可以深挖生态环境价值链，厚植传统文化特质和民俗文化元素，对古迹、名人典故、民俗文化元素、古村落等独具特色的文化资源进行整合，推进整个区域的错位发展和融合式发展。强调各个区域的整体布局和功能划分，根据资源的特点、产业的特色和生态的优势等具体情况，依托山水资源进行整治。整治工作中应抓好交通干线、绿色走廊、河流水系等方面的景观打造，将其合理融入体育旅游项目，推动乡村道路的改造升级，分时段、分空间、分区域进行景观的创新和再造，实现人与自然的和谐相处，构建独具特色和符合当地消费群的新型旅游业态。

第八章
体育旅游与农业观光交互发展的路径

第八章 体育旅游与农业观光交互发展的路径

第一节　农村体育旅游与观光农业交互发展路径

一、更新发展理念

如果没有关于农村体育旅游与农业观光的买方信息、竞争对手、供应商、市场容量等综合数据，就不可能进行客观分析，制定营销规划和决策。输入数据和输出信息是更新发展理念的前提。就现状来看，体育旅游和农业观光可从以下方面入手：第一，形成创新发展的意识和理念。目前，国家旅游发展委员会已与很多旅游机构建立了长期合作关系，构建了旅游卡、全域旅游卡、微信公众号等打通行业壁垒的现代化运营工具。由于发展理念和产品质量与设计跟不上时代潮流和发展趋势，缺少产品宣传意识和包装能力，农村体育旅游产品运营面临层层阻力。第二，拓展造血途径。农村体育旅游主要依靠景区的游客带动产品的总消费量，单独创造体育旅游消费的能力有限，因此，体育旅游产品要形成品牌、扩大规模、提升效益。第三，进行产品创新。融合产品要发挥体育项目独特的刺激、健身、审美的综合特质，开发具有当地特色的产品，在农业观光内容方面，注重绿色、自然、健康，在休闲空间营造上推崇"绿色空间"。在农业嘉年华展示场馆（现代智能温室）中，布置丰富的植物景观，以农业元素为基底，通过科技化、创意化、艺术化、景观化的表现形式进行景观塑造，以蔬菜、果树、花卉种植为主，突出绿色、自然、生态的"乐活"（以健康及自给自足的形态过生活）理念。

"乐活"理念在国外已较为普遍，在国内发展缓慢，但以"乐活"理念为依托的消费市场，为农业观光及体育旅游产品的开发开拓了新路径，且"乐活族"正悄然兴起。从嘉年华可看出，"乐活"理念逐渐被认可，并成为生活态度，已影响了观光农业发展方向。在未来的发展中，需细分"乐活"市场，开发农业"乐活"产品，通过不断丰富农业的多功能性，促进其与体育的交互发展，助力乡村振兴（如图8-1所示）。此外，由于我国大部分观光农业经营者为小规模经营，该类型经营者产业规模及实体资产不多，融资能力也不强，通常难以融资或贷款。而资金缺乏成为阻碍经营者扩大规模、

乡村体育旅游与农业观光交互发展研究

积累口碑、体现个性化和特色的阻碍因素。因此，政府可构建针对观光农业和体育旅游的融资平台，通过对社会资金的整合助推乡村振兴。

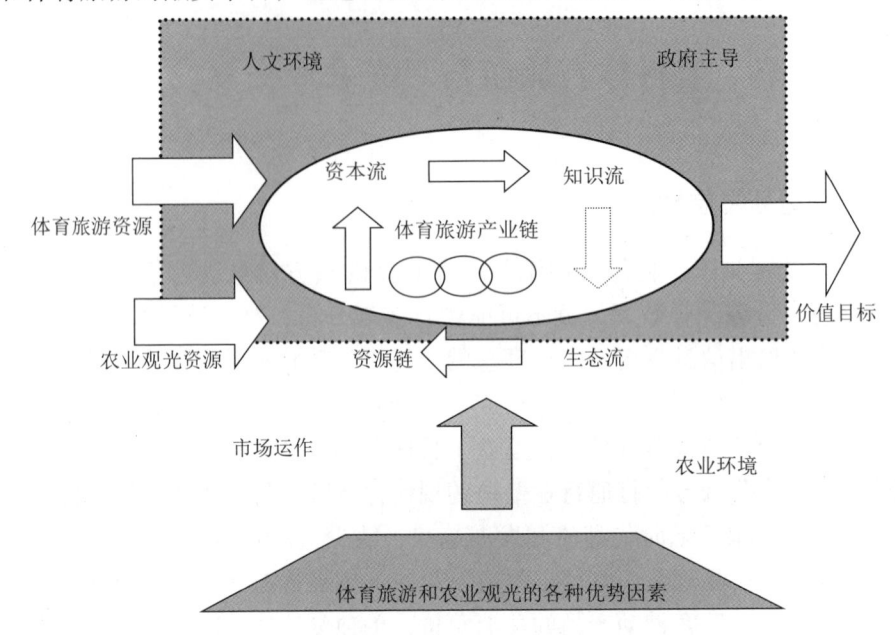

图 8-1　体育旅游产业与农业观光链优化理念

过去数十年，学者和从业人员将体育旅游和农业观光作为单独活动领域。然而，就大众参与和旅游实践而言，它们密不可分。体育旅游包括远离主要住所参加娱乐或比赛活动，进行各种体育活动以及参观体育景点和农业基地，如名人体育馆、大型农业基地或水上公园等。运动类型包括常见的夏季运动，如徒步旅行、漂流、皮划艇、马术运动、滑翔伞等；冬季运动，如滑雪、冰上攀岩、北极生存、捕鱼、狩猎等。按照基础设施进行体育旅游结构的分类，可以分为酒店、别墅、农宅、汽车旅馆、产业基地。它们二者的运用场景和内在要素之间存在很多共同要素，因此，我们应该更新发展理念，运用创新思维促进它们的融合。

二、优化利用资源

安德威乐等调查 16 个地中海沿岸国家在 1995 年至 2014 年期间可再生能源消耗对旅游业发展和农业用地的长期不平衡和短期影响的动态响应，在多变量和两个模型框架中采用动态自回归分布式滞后方法，数学模型的计算

第八章 体育旅游与农业观光交互发展的路径

结果表明，农村体育旅游与农业观光的交互发展可以控制碳排放量和促进国内生产总值的提升。开发农村体育旅游需立足资源、体制、经济实际，坚持资源开发优化利用原则，通过与农业结合，实现效益最大化。瑞尔等指出：乡村旅游需要城市客流资源的补给才能够实现有效运营。综合利用策略能极大地提高经营者的积极性，对形成产业化农业观光和体育旅游大有裨益。乡村旅游必须整合当地人文、自然资源才能促成可持续发展。农村体育旅游发展必须坚持绿色、低碳、环保等原则，有针对性地弥补生态链缺陷，充分开发具有健体、悦心功能的休闲资源，积极引导当地村民和游客实现生产、消费无污染、无废物。齐卫拉等研究表明，假期休息和放松的想法已经转移到更多与健康相关的提升生活质量的体验上，包括积极以运动为导向的旅行。在工业化国家，体育旅游和农业观光对国内生产总值的贡献率在1%～2%，旅游业贡献率在4%～6%。虽然很难衡量全世界体育旅游和农业观光模式的影响，但体育旅游和农业观光业的增长率约为每年10%。体育旅游资源的优化利用可以为农业观光的发展提供强有力的支撑。

贾森卡研究发现，在全球化经济竞争中，克罗地亚葡萄酒地区的发展战略规划面临特殊挑战。这些州的葡萄酒产量不如世界其他知名葡萄酒产区（如西班牙的里奥哈、法国的波尔多等），但它们总能通过旅游来提高农业收益。农村产业之间存在着错综复杂的联系，体育旅游产业需要与农村的各种产业交互发展才能实现体育旅游产品价值的最大化。体育旅游基础理论涉及旅游者的心理需求、项目的本质特点、旅游开发的风险控制等问题。实践研究需要从体育旅游的区位、人口特质、基础经济面、附近居民消费能力和习惯方面进行综合分析，同时，体育旅游必须与其他产业相融合才能实现农民经济利益的最大化。例如，体育旅游可以与农产品开发、特色旅游相结合。体育旅游还可以与当地的支柱产业和具有竞争优势的产业进行资源整合，寻找体育旅游与地方经济发展的结合点。提升体育旅游与农业种植、农业养殖、林业之间的融合，并合理运用沼气循环系统和污水处理系统，有效促进产业融合（如图8-2所示）。

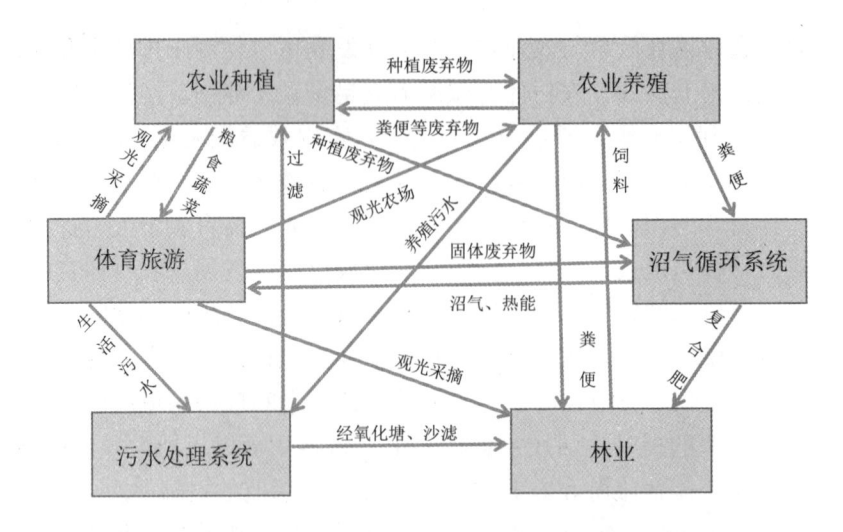

图8-2 体育旅游产业与农业观光交互发展技术模式

三、合理规划布局

体育旅游和观光农业的交互发展需要做到以下几点：第一，贯彻"以文塑旅、以旅彰文，宜融则融、能融尽融"的基本原则，着力推动体育运动和农业发展成果共享、互补、并进。第二，需要统筹协调，促进区域协调、城乡协同、陆海互动。斯密斯等发现：改善乡村旅游目的地的交通现状可以极大地改善旅游经营状况。可见，改善交通可形成共建旅游资源的局面。第三，遵循市场在资源配置中的决定性作用，建设体育旅游和观光农业的融合体系。第四，坚持创新理念，避免体育旅游和农业观光产品的同质化和低端化，推动理念、管理、服务的综合创新，推进智慧文旅建设。第五，要践行"绿水青山就是金山银山"的发展理念，注重资源保护、生态文明建设。以"业态均衡发展""梯度推进模式""资源带动推进"为基础，有三种可取的体育旅游和农业观光产业区域推进方式，即业态均衡发展方式、不平衡发展方式和不平衡协调发展方式。其具体内涵如下：一是业态均衡发展方式。要求旅游产业在区域内同步发展，实行规范化管理，这种方式的缺点在于难以创造竞争环境，对旅游市场需求和产品特色需求反应迟缓。二是不平衡发展方式。以突出关键点为指导思想，对旅游产品进行开发，容易迅速扩大不同地区旅游业间的差距，导致只有个别地区具有强劲发展势头，而大多数地区处于落后状态。三是不平衡协调发展方式。政府对落后地区进行资源整

第八章 体育旅游与农业观光交互发展的路径

合，发挥跨区域资源的互补性，缩小区域差距，充分利用不同地区的旅游优势和特点，走可持续发展的推进模式。农业观光与体育旅游交互发展案例如表 8-1 所示。

表 8-1　农业观光与体育旅游交互发展案例

案例	发展理念	地理信息	发展契机	发展重点	融合内容	项目效果
祁阳三家村度假游	以远离城市的原生态自然资源为依托，开展乡村度假体验	位于湘江河畔，与江心小岛琵琶洲隔水相望	以土地流转为突破口，进行体育旅游和农业观光的融合	统筹现代农业、美丽乡村等，促进产业融合	将农事、观光体验与农村体育相结合	"农村美、农业强、农民富"的社会主义新农村逐步建成
亚农塘生态观光园	设计结合乡村特点，采用古建筑风格，充满乡村韵味	四面环山，山高、林茂、水清，森林覆盖率达 90%	依托自然环境、丰富资源、区位优势进行综合开发	发展低碳、绿色、环保、健康的体育旅游和生态观光农场	为都市人群提供见识农村体育、农耕文化的好地方	参与耕作，品尝菜肴，体验体育运动，感受乡土气息
鹿山农业观光园	真正实现了绿化、美化、彩化、香化、运动化	位于渝北，具有示范功能、辐射功能、带动功能的观光农业区	始建于 1996 年，定位为"城郊观光农业示范村"	集科研、生产、旅游于一身，有桃园 1500 亩，蜡梅园 5000 亩，开发了温泉	春天百花盛开，秋天硕果累累，冬天梅花傲放，有钓鱼城和水上乐园	实现了产品的优、特、新，同时配套、建设了运动设施，集健身、观光于一身
嵩皇体育小镇	联合体育、航空、户外、旅游企业，打造体验式的体育和观光旅游	位于登封，坐落于秀美的嵩山三皇寨景区，规划占地 31 平方千米	登封被誉为"武术之乡"，借助景区影响力，探索体育和农业观光集聚模式	融赛车、航空体育运动、登山、乒乓球、拓展等多种运动训练项目为一体	融合农业观光、餐饮、住宿、会务、婚礼、养生等元素的户外公园	借助少林寺影响力，兴办马拉松、汽车拉力赛、登山等活动，逐渐发展多元化的项目
莫干山"裸心"体育小镇	将体育产业、文化、旅游元素结合，打造户外运动赛事集散地、山地训练基地	位于德清莫干山，有企业 70 多家，均以体育健身休闲、场馆服务及用品销售和制造为主	依靠体育产业传统优势，活化"体育+旅游"产品。小镇辐射长三角地区	探索极限基地；久祺国际骑营；莫干山山地车速降赛道；象月湖户外农业基地	将体育、健康、文化、旅游等结合，探索运动、骑行文化为特色，带动生产、生活、生态融合	小镇以打造"裸心"体育为主题，规划"一心一带两翼多区"，全力打造体育特色小镇

· 161 ·

乡村体育旅游与农业观光交互发展研究

对于竞争激烈的旅游市场,从业者要以大样本深度调查和访谈为基础进行追踪,在获得大量客观数据的基础上开展营销和推广,同时对体育旅游和农业观光中的危机和灾害管理进行规划,以区域行政单位为研究点,以农村体育旅游项目特征为研究重点,对各区域农村体育旅游产品进行优劣势分析,从各区域产品开发目标、融合路径、规划布局等维度进行谋划。农村体育和农业观光都是绿色、环保产业,近年国家发布政策鼓励农村体育旅游和农业观光发展,促进旅游消费。在"电商示范村""创业、创新"等理念引领下,体育旅游与农业观光的融合,不仅激发了农村体育旅游的发展动能,也为农业的创新转型提供了新思维导路(如图8-3所示)。发展观光农业和体育旅游,体验质量是关键,安全体系是前提,必须规范管理,确保游客的良好体验。政府要制定行业管理办法,将政策落实,真正让游客感受到有法可依、有章可循。

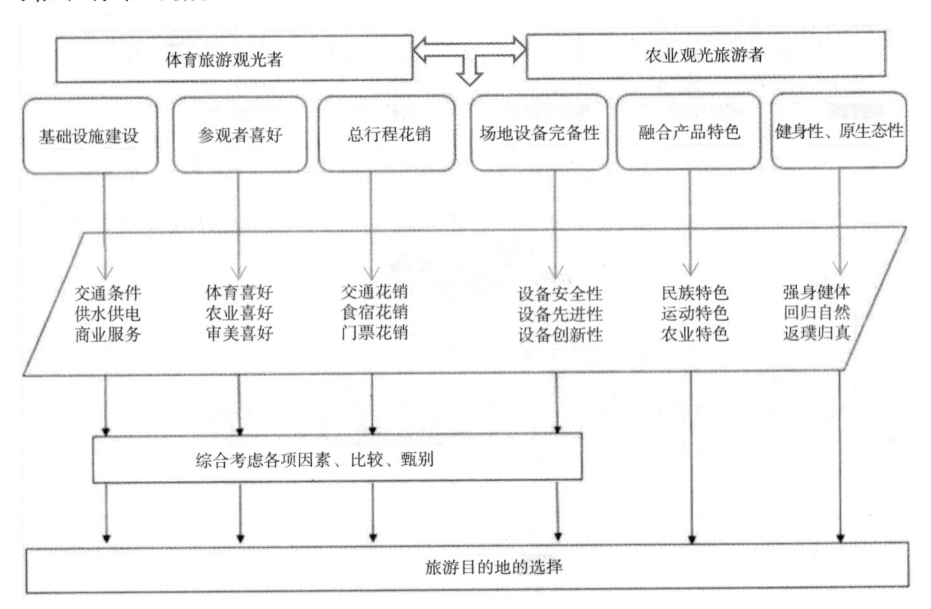

图8-3 旅游者与目的地选择间的对应关系(引自克莱尔·汉弗莱斯,2014)

产业规划是地区优化生产力布局、整合优质资源、提升竞争力的重要遵循。无论是最初的基础设施建设,还是登山健身绿道和全域户外农业观光布局,都应坚持规划先行,以村庄规划为重点,聘请专家和专业团队进行实地考察,以市场化、产业化、规模化为基线,规划初期就考虑产业融合及产业链形成,最后以体育旅游项目为切入点,连点串线,引领全域农村经济的提质增效。无论是经济发展较好的乡村还是未脱贫地区,在进行产业布局初期,政府层面都要进行整体规划和顶层设计,拿准、吃透国家政策内涵并切实实施,厘清产业发展逻辑,走层层推进、步步为营的发展道路。

特色农耕文化元素和健身、健心理念是体育旅游和农业观光的思想灵魂。在农业嘉年华等展示场馆可结合"乐活"理念,融合农耕文化,设置农事体验,唤醒旅游者内心的农耕记忆。农耕文化场景的营造,主要包括返璞归真的田园、丰收、生活场景,并设置深度农耕互动,让旅游者在体验之余,可以与家人互动,体验快乐生活状态。融合、展示和传承非物质文化遗产,深化文化内涵,使旅游者更深入地了解传统文化的魅力以及给生活所带来的乐趣。健康养生成为当前潮流理念,在农业嘉年华展示中,结合中草药,依托中医,营造健康场景,从中草药到中医问诊、养生、药膳研发,都为游客提供了践行健康养生的新路径。

四、发挥产品特色

旅游者的主观因素影响其行为,产品特色在很大程度上决定消费行为。在农业观光全程中,通过合理融入体育娱乐项目或运动素质拓展项目,能增加游客在观光中的特殊体验。在农业观光中,要真正实现体育旅游融合,关键是要探寻两者间本质要素的契合点,促使两者真正意义上的融合。每个村庄在经济、文化等维度都有独特特征,乡村旅游开发需要保留旅游村的文化特质。农村体育项目与竞技项目有差异性。农村体育项目要充分体现乡村特色,丰富农业观光中的体育体验。当地政府应结合农耕文化和传统文化,开发诸如跑马、徒步走、轻度越野、卡丁车等物美价廉的项目,使游客在体验田园风光时参与体育、了解体育、热爱体育,达到促进身心健康的目的。通常情况下,体育旅游和农业观光被视为特定旅行,其中体育旅游是主要动机,农业观光可加强整体体验。另一种体育旅游,指专门观看体育赛事的国际旅行,如世界杯(足球、橄榄球、板球等)、奥运会和一级方程式大奖赛、区域活动(如足球欧洲冠军联赛)和个人活动(非团队,如网球、高尔夫和赛马)。体育旅游和农业观光存在着共生关系。一方面,体育旅游与农业活动、观光会融合带动旅游业的内在动能。另一方面,旅游部门通过提升旅游品牌知名度、地方特色文化建设来促进体育旅游和农业观光产业的发展。为推动农业观光和体育旅游的融合,要重视拓展基础设施建设。通过合理的基础设施布局，促使游客收获深刻的运动和农耕文化的双重体验。现代游客寻求与众不同的体验，创新产品必须以不同寻常和独特的方式吸引他们。如农业观光，在观光同时应充分掌握游客的细微需求，进行体育活动需求和喜好的调查，为游客提供个性化服务。还要重视体育元素的融入，基于体育和农业观光的需求，进行合理的基础设施布局。通过合理布局提升旅游体验，构建更为出色的旅游服务保障和支持系统。

全球日益加剧的竞争促使提供体育旅游和农业观光服务的组织寻求更高质量和较低成本。体育旅游产品的开发应根据农村性、健身性、刺激性、趣味性、可持续性进行创新和发展（如表8-2所示），可依托当地特殊地貌、景观、风光、遗迹等，还要突出农村、体育和民族元素，在开发过程中充分利用体育的独特优势和民族传统文化元素。在创新过程中结合多学科理论进行产品构建，从美学、心理学、艺术学中获取有益素养，开展理论创新。各地可利用其地理优势，根据不同地区特点，发展具有区域特色的个性化观光农业和体育旅游融合产品，打造精品。首先，对于观光农业的发展应打造完善的产业体系，发挥产业影响力，开发具有区域性的旅游景点；其次，要提升对农业资源的利用率，对农产品进行深层次的改造和包装，打造具有农耕体验和运动健身功能的产品；最后，还要注重环境保护，打造环境友好的观光农业和体育旅游模式。在创建产品时，可通过观光农业指南、旅游APP、知名公众号、"网红"直播、短视频平台或方式等进行有效传播，打造知名品牌。

表8-2 国际乡村旅游主要发展模式中的体育和农业观光元素的融入

类型	田园野营型	主题庄园型	民俗村落型	乡村小镇型	产业观光型	科技依托型	城市依托型
主题内容	以远离城市的原生态自然资源为依托，开展乡村度假建设活动	依托乡村田园环境建设主题庄园，如酒庄、农庄、果庄	以民俗为基础建设特色村落，如渔村、特色农业村、民俗村	具有一定特色文化的乡村主题度假小镇，如体育特色旅游	具备特色产业的乡村主题度假村、村落或农业展示中心	运用最新科技成果引导农业观光和乡村体育旅游	环城市区域发展形成规模较大、配套较好的旅游圈
住宿条件	酒店或帐篷营地	高端主题庄园	特色民族客栈	主题客栈或酒店	主题宾馆或农家乐	配套宾馆或酒店	民宿或宾馆

第八章　体育旅游与农业观光交互发展的路径

续表

类型	田园野营型	主题庄园型	民俗村落型	乡村小镇型	产业观光型	科技依托型	城市依托型
消费人群	各类型消费群体	高端度假游客	中低端度假游客	中高端度假游客	中低端度假游客	各类人群	城市白领
观光时间	全年四季	丰产季节	全年四季	全年四季	春、秋季节	全年四季	全年四季
运营主体	个体、企业	个体、企业	政府主导	政府主导	政府引导	政府策划	政府规划
项目特色	野营、探险	庄园体验	民俗体验	乡村文化	农耕文化	科技含量	周末休闲
前提条件	汽车普及	投资驱动	政策引导	城镇拉动	风尚形成	前沿科技	远离污染
典型国家	美国	法国	中国	西班牙	意大利	德国	日本
中国案例	成都黄龙溪风景区	长沙薰衣草庄园	西江千户苗寨	古堰画乡	青岛玫瑰胜地	萧山机器人小镇	北京蟹岛
体育和农业观光要素的融入	登山、漂流、森林徒步等；种植、养殖、休闲生态农业观光	户外体能挑战赛；大地景观、加工工艺和农产品种植与采摘	旅游中观看表演或参加娱乐活动，如摔跤、跳板；农业陶瓷、布艺、木艺等	垂钓、滑索、环湖挑战赛、红色路线徒步等；农业教育、体验、观光、展示	荡秋千、蹦极、翼装飞行等；园林景观优美，具有科普、观光和植物资源保护功能	海岸线穿越、电子竞技等；花卉、植物等融进建筑、屋顶、墙面	定期举办篮球赛、汽车赛、网球赛事；农业采摘、民俗体验和农耕体验

在构建体育旅游和农业观光新产品时应遵循跨学科、文理交叉、艺工融合思路，融入人文、康体旅游理念的综合分析，涵盖充分的社会调查、恰当的案例分析、从人性角度出发的心理学实验。对于"观光农业＋体育旅游"形式能否受到追捧并形成风尚在于能否推出吸引游客的特色产品。在农业观光园中可植入各种运动，如跑马、卡丁车、真人CS、溯溪、天然池跳水等，让游客在农业观光园中既能感受到体育魅力，又有亲近大自然的独特体验。以赣州"世界橙乡"系列产品为例，主要开发生活体验、农民体验和经济体

验项目。作为世界闻名的脐橙主产区,赣州利用橙子资源开发观赏、采摘、品尝橙子等体验旅游项目,为城市居民打造具有吸引力的特色产品。有条件的村庄规划数个体验区,开发传统项目、民俗、农业观光等资源,打造休闲型体育旅游。观光园的开发注重特色产业发展,表现在四季都有景可观,形成循环经济园。栽培结果期差异化果树,保证全年四季有水果。春天可观赏樱桃、番茄、桃等;夏季可观赏南瓜、西瓜、梨、杨梅、蓝莓等;秋天可观赏橙子、葡萄等;冬季可观赏水果黄瓜、草莓等。

五、融入现代技术

体育旅游和农业观光需要融入现代科技,这成为产业融合的亮点和看点。以广西八桂田园(广西现代农业技术展示中心)为例,该中心占用土地400亩,是国家4A级旅游景区,是集中了"现代农业、新型观光、科技培训、品种技术、成果推广、经营示范"功能的观光旅游、体育运动综合园。景点包括竞技运动迷宫、农业科普系列、闲情草坪、有机蔬菜采摘区、隧道式种植区、绿色通道、趣味运动乐园、菌园。八桂田园作为景点向市民开放,以农业特色观光、果蔬采摘体验、农业活动DIY、户外项目挑战等为景区带来人流量,已成为市民进行农业观光和体育锻炼的良好去处。体育旅游和农业观光展示以三维图像为主要内容,融合声、光、色三要素,以生动有趣的方式展现旅游主题,通过触控系统、数字沙盘、互动系统、全息投影、沉浸式环幕、虚拟现实(VR)技术、增强现实(AR)技术,使展示内容更直观、有趣,具有立体感、科技感,以各类新颖技术吸引参观者,让参观者更好地参与互动,为参观者带去良好体验,实现人机交互方式的展示形式(如表8-3所示)。

第八章 体育旅游与农业观光交互发展的路径

表8-3 体育旅游和农业观光融合展示中的科技元素

类型	数字沙盘	3D全息投影	360°沉浸式环幕	虚拟现实技术	增强现实技术	IPAD中控智能系统	透明玻璃电视	大屏液晶拼接技术
展示原理	结合声、光、电、多媒体、电脑智能触摸控制系统	再现真实物体的技术，记录物体的光波信息和影像	多通道、高清晰度和宽视野大屏幕环绕系统	可以创建和体验虚拟世界的计算机仿真系统，生成模拟环境	借助图形和可视化，通过传感技术，将虚拟对象"放置"在真实环境中	基于iOS平台的主机、智能会议系统、智能家居控制系统	基于成像技术，具有透明特性，可动态显示图像	显示预案的设置和运行，全高清信号实时处理
核心技术	多媒体演示软件、大屏幕投影演示	利用干涉和衍射原理进行播放	采用多台投影机组合而成	涵盖计算机、电子信息、仿真技术	通过影像位置及角度精算图像的分析技术	中央控制器控制所有控制单元	融微电子、光电子、计算机、信息处理为一体	数字信号漫游、缩放拉伸、跨屏显示
技术特点	多维演示的高科技沙盘系统	三维图像记录和再现	高分辨率，观众被360°立体影像环绕	能无限制地观察三维空间	虚拟可和现实场景合理结合	系统的投影机、电动屏幕、灯光等统筹控制	类似于投影技术，显示屏是载体，起幕布作用	液晶拼接是完整成品，即挂即用，安装简单
使用效果	动态化	真实化	沉浸感	虚实难分	互动体验	智能统筹	透明展示	震撼大屏
融合元素	农耕文化、体育竞技	农耕场景、运动对抗	乐活状态、社交情景	生态农业、趣味体育	活态历史、运动互动	农业情景、运动情景	丰收场景、运动激情	农业宣传、运动宣传

· 167 ·

以"旅"兴"体",以"旅"兴"农",用现代化技术培育具有国际影响力的旅游品牌。精品化、高端化、具有国际影响力的旅游品牌需有相应的公共服务作为支撑,需运用互联网、大数据技术、人工智能等技术推动场景感知化、体验数据化、展示视频化、社交情境化,推进产品和服务线上与线下融合,采用立体视听技术、增强现实技术、全息成像技术等虚拟体验技术实现多感知、交互虚拟体验目的,展现体育文化,还原旅游产品的活态性、参与性。通过运筹学理论构建价值优化模型,为政府、相关职能部门、设计院等提供体育旅游和农业观光产品技术标准和决策咨询服务,提升全国的旅游文化产品服务质量,推动地方文创产业和创意旅游产业发展。此外,应积极将物联网、网络直播等引入体育旅游和观光,加大宣传力度,积极拓展消费市场,加快线上线下发展融合,打造面向游客的立体平台。

六、推动智慧旅游

信息通信技术在智慧旅游领域发挥着重要作用,体育旅游和观光业面临数字革命,该革命已改变了旅游管理方式。随着互联网、物联网、智能手机等的广泛应用,体育旅游和农业观光智慧化发展空间十分强劲。智慧旅游是现代旅游业高度数字化、智能化的结果,是旅游产业基于信息共享而发展的"线上 + 线下"模式。智慧旅游的价值实现形式包括旅游计划智慧服务、目的地智慧接待服务、旅游业态智慧融合共享和其他智慧应用等。其中,计划智慧服务是旅游者通过网站、手机 APP、公众号、微博多渠道获取信息,提前规划路线,预订服务等;旅游目的地接待服务包括旅游要素智能服务、现场景观导览、VR 虚拟体验、电子商务、行业管理、事件处置等;旅游业态智慧融合共享将旅游业、文化创意产业、生态产业、康养服务等通过资源整合、多业态无缝对接,共生发展。体育旅游和农业观光是融合形态,可分为周期性、季节性、定点型融合旅游,不仅能够盘活旅游资源,也能丰富旅游产品,扩大消费空间,促进产业转型升级。综上所述,智慧旅游是现代化信息技术条件与旅游深度融合的必然产物。

智能旅游受现代智能技术驱动,会改变行业结构、流程和运营模式,对服务创新、战略规划都提出了挑战。随着旅游经济的发展,每年进行体育旅游和农业观光的游客数量在增加,特别是黄金周,游客更为密集。流量激增带来新问题,首先,逾越承载力会导致环境破坏和管理混乱,易造成伤害事故。其次,数量激增给配套服务带来困难。对此,可建设智慧化检测系统,通过物联网技术构建动态监控系统,以人脸特征识别系统、智能监控及大数据挖掘为支撑,搭建体系,通过游客脸部特征搜集,提高动态管理水准。借助动态监控可分析游客偏好及风险区域并提前做好预案,还可开发综合智慧旅游APP,重视游客调研,使发布的信息能满足游客的需求。最后,推进配套建设。体育旅游和农业观光多以体育赛事和丰收节为载体,如蒲江县茶园举办的茶园足球赛。赛事期间,茶乡游客流量大,这需要做好预判并提供相应的配套服务。茶乡智慧旅游规划从全域出发,与各行业协会负责人开展座谈,向行业协会宣传智慧建设的必要性和便捷性,发挥了行业协会在智慧旅游建设中的作用,使智慧旅游从单纯的茶园建设走向综合智慧系统建设。

体育旅游和农业观光要以精准营销为基本导向,创新营销链。精准营销理念来自温德尔·史密斯的STP(Segmenting、Targeting、Positioning)理论,营销需要考虑市场细分、目标市场和市场定位。市场细分不是根据产品属性、产品归类,而是从消费者的需求出发进行属性划分,以需求、动机、购买行为的差异为划分根据。基于此,企业可筛选并选择目标市场,制定最佳策略,然后集中人力、物力参与竞争。智慧旅游时代的到来为体育旅游和农业观光快速、精准、创新性投放产品创造了条件。体育旅游和农业观光旅游点精准投放产品的路线是:首先,深入分析游客信息,借助大数据技术,采集游客信息,分析游客偏好,开发特色产品、配套优质服务进行精准营销;其次,重视体育旅游和农业观光中大量实时信息的利用,如旅游时长、消费类型、娱乐理念等,及时调整策略,优化产品结构和服务,促进体育旅游和农业观光产业融合与渐进性增长。

第二节 体育旅游与农业观光交互发展创新模式

一、体育旅游与农业观光交互发展创新目标

随着社会经济的快速发展,人们的生活水平得到了极大的提高,文化休闲娱乐需求也随之增加。在这种背景下,体育旅游和农业观光成为广大民众十分喜欢的活动,也成为各地旅游业和农业的发展热点。如何将二者进行有机结合,促进交互发展,成为当前体育旅游和农业观光业新的创新目标。

体育旅游是一项结合运动与旅游的多元化活动,其中包括各种体育比

赛、运动健身、休闲娱乐等形式。体育旅游对于提高人们的生活质量和健康水平有着不可替代的作用。同时，农业观光是一项大众化的文化、体验型旅游活动，由于农业生态资源丰富，因而得到很多游客的青睐。目前，一些地方已经开始探索将体育旅游和农业观光相结合，促进二者的交互发展。具体体现在以下几个方面。

第一，农业观光可以原生态的方式打造体育旅游项目。比如，在农田里办足球比赛、在欢乐农场里办水上运动，非常有趣，具备极高的观赏性和体验度。这种运动形式不仅可以让人们放松身心，缓解压力，同时还促进了农业生态旅游和体育旅游的双向交互和发展。

第二，一些农业度假村、生态农庄也为游客提供了多样化的体育活动项目，比如公路自行车、山地自行车、徒步旅行、攀岩等。这些有趣的活动可以让游客在体验自然风光的同时，锻炼身体，提高体质。这些丰富多彩的运动形式，使游客可以把看美景和运动结合起来，同时也推动了农业观光和体育旅游之间的交互融合。

第三，一些新型农业形态，如乡村马术、农场高尔夫、草地滑板等，不仅丰富了农业观光项目，更是为体育旅游扩大了运动场地和活动形式，从而将农业和体育两种旅游方式有机结合。

第四，对于一些体育爱好者来说，通过参与农业生态旅游活动，他们可以感受到大自然的巨大魅力和生态系统的整体性，这有助于提高其环保意识和环境保护观念。

可见，将体育旅游和农业观光的交互发展作为创新目标，不仅能够使两者相辅相成、互利互惠，同时也有助于推动地方经济快速健康发展。因此，有关部门应该深入研究，加强整合，制订具有操作性的规划，提升旅游业和农业在交互发展、创新和升级上的水平，推动两种行业的融合和升级，让广大游客在享受美景、锻炼身体的同时，感受到两种产业发展的强大生命力。

二、体育旅游与农业观光交互发展创新方法

随着人们生活水平的提高，旅游行业成为经济发展的重要支柱之一。在旅游行业中，体育旅游和农业观光特色十足，吸引着众多游客前来感受不同的文化和乡村风光。然而，体育旅游和农业观光的发展还存在许多问题，如如何扩大旅游市场、如何增加游客体验度等。本书将探讨体育旅游与农业观光如何交互发展，并对此提出创新方法。

第八章　体育旅游与农业观光交互发展的路径

（一）体育旅游与农业观光系统交互

体育旅游和农业观光本身独具魅力，在观光方式、内容、形式和资源利用等方面缺乏协同和交互。因此，促进体育旅游和农业观光的交互发展有助于提升旅游的综合实力。

1.体育旅游和农业观光元素结合

在体育赛事举办期间引入农业观光、乡村旅游元素，如展示当地农业特色产品、农耕文化、民居风情等，丰富赛事体验，带动当地旅游，能使旅游资源得到更充分的利用。

2.体育旅游与农业观光智能化系统交互

利用智能化技术创新体育旅游与农业观光，提高旅游的品质和效益。可利用虚拟现实等技术为游客提供与农业、体育赛事互动的体验，增加游客的兴趣和参与度。

3.体育旅游和农业观光元素相互支撑

通过农业观光推广当地的历史、文化和乡村风光，在体育旅游赛事期间扮演"导游"的角色，提供整体的旅游服务，为体育赛事增光添彩。

（二）体育旅游与农业观光的发展创新

要进一步促进体育旅游和农业观光的交互发展，就必须创新旅游的内容、方式和形式。体育旅游与农业观光是形态各异的两种旅游形式，促进两者的交互发展能创造出新的旅游价值和社会经济价值。本书旨在探索体育旅游与农业观光交互发展创新的方法，为旅游业的发展提供多元化思路。

1.农村创意体验

通过设计各种有创意的乡村旅游项目，例如，"采摘+DIY"活动，让游客体验到乡村的活力和独特魅力。同时，在体验过程中，游客可学习农业知识和文化。

2.多元化旅游推广

针对不同游客的需求，建议地方政府和旅游公司制订旅游方案，针对消费群体实施规划，包括不同的路线、景点和住宿选择。

3.农业特色产品推广

结合当地的农业资源，特别是农产品，开设销售点，为游客提供体验农业特色食品的机会，可以提高游客回访率和贡献度。

(三)体育旅游与农业观光的发展创新保障

随着旅游业的发展和人们对健康生活的追求,体育旅游逐渐成为热门的旅游方式,同时也推动了农业观光的发展。体育旅游与农业观光交互发展,不仅带来了经济效益,还创新保障了旅游和农业的可持续发展。体育旅游具有强烈的运动和体验性质,能够为旅游区域带来更多的游客和收益。同时,农业产业也得到了发展,因为游客们在体验完运动项目后,也会参观农业园区,了解当地农产品的种植和加工过程,体验农家乐、采摘等农业观光项目。这种交互发展的形式,能够打破传统的旅游和农业产业的独立发展模式,实现产业协同,有利于旅游和农业的全面提质增效。

要实现体育旅游与农业观光的交互发展,需要创新保障。首先是旅游和农业产业应该建立多方合作模式,共同打造体育旅游和农业观光的综合项目。其次,要合理规划和配置旅游和农业资源,避免资源浪费和造成负担,具体来说就是将旅游区域和农业园区相互交错和融合,打造新型农业观光旅游区域。此外,还需要加强体育旅游和农业观光的宣传,让更多的人了解和参与,进一步推动产业的发展。

体育旅游与农业观光的交互发展,除了能够获得经济效益外,也有助于生态环境的保护和升级。因为发展体育旅游和农业观光,能够增加当地的产业和就业机会,提高人民的生活水平,改善生态环境,使之更加美好。同时,更多的人参与到健康旅游和农业观光中来,也促进了公众对健康和生态环境保护的认识,检验和推动了国民素质的提高。总之,体育旅游与农业观光的交互发展具有广泛的社会价值,国家应该在政策和法规上出台相应的支持措施,创造更加优越的发展环境,促进产业结构的转型升级,推动经济和环境的可持续发展。未来,相信对于体育旅游和农业观光的交互发展还会有更多的新想法、新措施、新成果,让旅游和农业产业在交融中发掘更大的潜力。

(四)体育旅游与农业观光的发展创新

将体育旅游和农业观光相结合,可以满足不同游客的需求,提供具有针对性的旅游服务。例如,有些游客喜欢参加户外运动,可以选择体育旅游与登山、徒步旅行、水上运动等相结合的旅游方案;有些游客则喜欢宁静的乡村生活,可以选择农家度假、采摘等农业观光项目。这些项目可以为游客提供全新的旅游体验,让他们感受到不同的乐趣。同时,体育旅游和农业观光

第八章　体育旅游与农业观光交互发展的路径

交互发展也可以在经济上带来更多的效益。旅游产业已经成为许多国家和地区的经济支柱，而农业观光也可以成为农村经济的新支柱。两者结合，可以促进当地的多元化经济发展。在这个过程中，要想实现交互发展，必须创新机制。

首先，政府和旅游企业应该加强合作，共同推进体育旅游和农业观光项目的开发。政府可以提供政策支持，鼓励企业进行投资，而企业则可以创新旅游产品，提高竞争力。

其次，也需要加强体育旅游和农业观光的宣传力度。通过多种宣传渠道，向游客宣传体育旅游和农业观光的优势和魅力，让更多人了解并体验这种不同寻常的旅游方式，从而推动产业的发展。

最后，加强体育旅游和农业观光的相关人才培养。政府和企业可以组织专业的旅游培训、农业技术培训，提高从业人员的专业素质，为游客提供更完善的服务。

由此可见，体育旅游和农业观光的交互发展具有广阔的发展前景。只有政府、企业和社会各界共同努力，加强多维合作，创新机制，才能在体育旅游和农业观光领域实现可持续发展。

参考文献

[1] 龚欣雨，刘晓莉，马翰林.社会学习理论视角下亲子体育旅游发展路径探析[M].北京：中国人民大学出版社，2015.

[2] 顾久贤.2022年冬奥会的举办对区域消费需求与行为影响的研究：以河北冰雪体育旅游为分析个案[J].体育与科学，2016，39（3）：27—35.

[3] 卢长宝，庄晓燕，邓新秀.视角、理论与方法：体育旅游研究的现状与趋势[J].成都体育学院学报，2018，44（1）：9—15.

[4] 鲍明晓.贯彻落实国务院加快发展体育产业意见加快发展我国体育旅游业[J].体育文化导刊，2015，33（3）：65—69.

[5] 杨强.体育旅游产业融合发展的动力与路径机制[J].体育学刊，2016，23（4）：58—65.

[6] 石婷婷.现代农业观光园的生态环境建设与可持续发展研究：以西安浐灞生态区为例[J].中国农业资源与区划，2015，36（5）：69—73.

[7] 章兵.生态农业观光园景观评价体系研究[J].中国农学通报，2014，30（1）：12—19.

[8] 赵岩，石晓景.农业元素在农业观光园景观中的创新应用[J].江苏农业科学，2013，41（7）：6—10.

[9] 王丽丽，蔡丽红，王锦旺.我国休闲农业产业化发展研究：述评与启示[J].中国农业资源与区划，2016，37（1）：7—12.

[10] 肖庆群.现代观光农业与休闲体育融合发展研究：评《现代观光农业建园与休闲旅游》[J].中国瓜菜，2022，35（1）：15—21.

[11] 王丽丽，蔡丽红，王锦旺.我国休闲农业产业化发展研究：述评与启示[J].中国农业资源与区划，2016，37（1）：65—69.

[12] 张春莲."一带一路"沿线国家观光农业发展对比研究：以中国、日本和马来西亚为例[J].世界农业，2018，40（10）：39—45.

[13] 许鹏.供给侧改革背景下我国生态农业产业化发展路径研究[J].农业经济，

2018，37（6）：14—16.

[14] 从乐乐．现代农业示范区建设档案规范化管理之思考：以江苏沛县为例[J]．档案与建设，2016，33（6）：59—65.

[15] 蒯兴望．农村社区参与乡村旅游发展模式研究[J]．农业经济，2016，36（3）：75—76.

[16] 冯文昌，邵凯．情境与根源：社会互动中的体育旅游冲突行为研究[J]．沈阳体育学院学报，2020，39（3）：116—122.

[17] 曹庆荣，齐立斌．农村休闲体育资源开发的产业链与生态链耦合模式：基于体育资源嵌入农业观光视角[J]．成都体育学院学报，2017，43（4）：39—45.

[18] 黄鹂，马学智，张成明．新时代我国乡村体育旅游可持续发展研究[J]．体育文化导刊，2020，38（3）：19—23.

[19] 钟永锋，邓晖，曾长青．农村体育旅游与农业观光交互发展研究综述[J]．旅游纵览，2022，32（3）：28—31.

[20] 华云娟．观光农业中休闲体育的开发研究[J]．农村科学实验，2019，14（6）：59—63.

[21] 李扬，董军，李享．安康发展生态体育旅游的优势与策略研究[J]．体育视野，2020，2（4）：28—32.

[22] 王中云，邢彪，田雁冰．我国休闲农业发展现状与对策[J]．乡村科技，2017，8（2）：29—33.

[23] 冯勇，张涛．农村休闲体育资源开发产业链与生态链耦合模式研究：基于体育旅游视角[J]．乡村科技，2020，11（2）：21—25.

[24] 任超，张佳佳．基于乡村振兴视角的观光农业与休闲体育融合发展策略探究[J]．智慧农业导刊，2022，2（3）：59—65.

[25] 舒爱平，杨植．乡村振兴视域下观光农业与休闲体育融合策略研究[J]．河北农机，2021，57（4）：55—59.

[26] 王健，蒋珊珊．休闲体育产业嵌入观光农业发展研究[J]．当代体育科技，2021，11（8）：69—73.

[27] 齐丹．全域旅游视域下丽江旅游产业融合发展实证研究[J]．江苏商论，2021，38（4）：6—13.

[28] 白刚．传统文化贯穿乡村发展脉络[J]．乡村振兴，2020，17（8）：26—31.

[29] 邹开敏，庄伟光. 乡村旅游与体育旅游融合发展探析 [J]. 中国国情国力，2020，29（10）：19—23.

[30] 张诚，孙辉. 乡村振兴战略背景下乡村体育旅游的发展困境与优化路径 [J]. 湖北经济学院学报（人文社会科学版），2021，18（9）：39—43.

[31] 张建，张敏. 乡村经济振兴与少数民族体育旅游资源融合发展的分析 [J]. 四川体育科学，2021，40（6）：35—39.

[32] 王青友，翟亮，沈洪宇. 体育旅游视角下国家公园与户外运动项目的发展研究：以四姑娘山双桥沟为例 [J]. 当代体育科技，2020，27（10）：58—63.

[33] 陈春平，翟丰. 新发展格局下体育旅游高质量发展的机遇与措施 [J]. 体育文化导刊，2021，38（6）：79—83.

[34] 李友良，熊玉珺，陈宝. 智慧体育与体育旅游融合创新发展研究 [J]. 产业与科技论坛，2021，20（5）：21—26.

[35] 鲍小强. 大丰区体育旅游的现状与对策 [J]. 当代体育科技，2020，10（4）：38—43.

[36] 杨乙元，张昌爱，张武. 贵州乡村体育旅游助推"乡村振兴战略"的价值实现与发展路径研究 [J]. 兰州文理学院学报（自然科学版），2020，34（5）：52—57.

[37] 邹雨豪. 国内外体育旅游与乡村旅游融合发展研究 [J]. 旅游与摄影，2020，3（6）：12—16.

[38] 马杰. 河南省体育旅游发展现状与对策研究 [D]. 济南：山东大学，2015.

[39] 钟晨. 汉中市体育旅游资源开发模式的研究 [D]. 石家庄：河北师范大学，2009.